ちくま新書

キリスト教と日本人

——宣教史から信仰の本質を問う

石川明人
Ishikawa Akito

1424

キリスト教と日本人――宣教史から信仰の本質を問う【目次】

第二章　戦争協力、人身売買、そしてキリシタン迫害　061

第三章 禁教高札を撤去した日本

第六章 疑う者も、救われる 245

はじめに

†キリスト教の矛盾を見つめる

日本人の九九%は、キリスト教を信じていない。

本書では、その九九%の「信じない日本人」の方々に、今までどおり信じないままで構わないので、日本人とキリスト教との関わりについて考えていただきたいと思う。

ただし、それは決してキリスト教の素晴らしさをわかってほしいとか、逆にキリスト教のダークサイドを知ってほしいとか、そういう狙いからではない。

本書の目的は、これまでの日本人のキリスト教に対する眼差しや、来日した宣教師たちの言動を糸口にして、そもそも宗教とは何か、いったい人間とは何か、という大きな問いに向かうきっかけを提供することである。

キリスト教は、単なる良い宗教でもなければ、単なる悪い宗教でもない。私たち人間は誰しも多面的であり、優れた面もあれば愚かな面もある。キリスト教も、そんな矛盾した人間によって営まれる以上、ポジティブな面とネガティブな面の両方があり、全体としては矛盾したものでしかありえない。

かつて、信徒が「バテレン門徒」とか「キリシタン」と呼ばれていた頃の日本では、彼らは迫害され、火炙り、水責め、穴吊《あなづ》りなど、おぞましい拷問もおこなわれた。映画にもなった遠藤周作の小説『沈黙』で描かれたとおりである。

しかし、キリスト教徒は被害者である一方で、加害者でもあった。彼らは世界各地で、信仰の名において残虐な行為もおこなった。キリスト教徒同士で殺し合い、異教徒を攻撃し、侵略や虐殺を繰り返したことも事実である。

ならば、神の「沈黙」はこれまで少なくとも二種類あったと言わざるをえない。すなわち、迫害に苦しめられたキリスト教徒に対する「沈黙」と、残忍なキリスト教徒に苦しめられた人々に対する「沈黙」である。

だが、実際のキリスト教徒のほとんどは、完全な善人にも完全な悪人にもなりきれず、迷ったり悩んだりしながら、誰かを愛し、同時に誰かを傷つけ、それぞれの人生を中途半端にもがいて生きてきたのである。

キリスト教は、全体として見るならば、人間というもののいかんともしがたい現実を示す壮大な実例だとも言える。

キリスト教の信仰を持たない九九％の日本人にとっては、複雑でわかりにくいその教義や思想よりも、むしろキリスト教徒のなまなましい矛盾と限界それ自体の方が、真の意味での宗教的思索のきっかけになるのではないだろうか。

†そもそもキリスト教の歴史は「長い」のか

さて、キリスト教には二〇〇〇年の歴史があるとされている。

二〇〇〇年の歴史というと、何だかとても長いと思われるかもしれないが、本当にその歴史は「長い」のだろうか。いったい何と比べて「長い」と言えるのか。

ギリシャでは、イエスの誕生より七〇〇年も前に『イリアス』『オデュッセイア』『神統記《しんとうき》』などが書かれているし、『論語』の孔子が生きたのもイエスより約五〇〇年も前である。

キリスト教は、ユダヤ教から派生した宗教なので、当然ながらユダヤ教の方が歴史は長い。仏教、ジャイナ教、ゾロアスター教なども、キリスト教が誕生するはるか以前から存在していた。

釈迦はイエスより四〇〇年前もしくは五〇〇年前の人物であり、ジャイナ教の開祖ヴァルダマーナもだいたい同時期である。ゾロアスターの生存年代には諸説あり、イエスより六〇〇年前とする説が有力だが、一二〇〇年前とする説もある。

文字で書かれたものとしては、インドの『リグ・ヴェーダ』がイエスの約一二〇〇年前、『ハムラビ法典』はイエスより一七〇〇年以上前、『ギルガメシュ叙事詩』の古バビロニア版はイエスより約一八〇〇年も前のものである。

古代エジプトや古代メソポタミアでは、イエスが生まれる三〇〇〇年以上前から都市国家や統一国家が生まれており、そこにはさまざまな「神」があって、儀礼が営まれていた。

私たちの祖先が、舟、弓矢、縫針、装飾品などを作り出したのは、七万年前から三万年前にかけてであるが、当時の小像や洞窟壁画などからも、その頃にはもう確かに「宗教」や「芸術」と言えるものがあったと考えられている。

何を「宗教」と定義するかにもよるが、すでに一〇万年以上前の遺跡から死者を丁重に葬った明らかな痕跡が見つかっているので、世界の宗教史を概説する際には、しばしばそのあたりまでさかのぼるのが一般的である。

†キリスト教は「新しい」?

要するに、イエスが生まれるはるか以前から、人々は、何かを崇拝し、何かを祈り、何かを信じ、世界の始まりやこの世の善悪について考え、生と死の意味について問うてきたのである。

こうした単純な事実を踏まえると、「キリスト教」は、この世の普遍的真理を述べているとするわりには、意外と最近生まれたさまざまな文化のうちの一つに過ぎないことを認めざるをえないだろう。

やや大袈裟な表現になるかもしれないが、ホモ・サピエンスがアフリカの外へ拡がって以降の約七万年間を七メートルの長さだとすると、キリスト教の歴史は、その七メートルのうち、最後のわずか二〇センチでしかない。

もちろん、歴史が長ければその宗教の価値や真理性が高まるというわけではないし、逆に、新しい宗教ならばそれだけ洗練され優れているというわけでもない。ただ、この宗教をいったん徹底的に相対化して眺めておくことは大切だと言いたいのである。

キリスト教が日本に伝わったのは、一六世紀半ばのことである。

日本でキリスト教は、一時期は信徒を増やしたが、わずか六〇年ほどでそれを信仰することが禁止されるようになり、その状態が約二六〇年も続いた。

日本人の多くが落ち着いてキリスト教について検討・考察できるようになったのは、実質的には一九世紀末になってからだと言ってもいい。

キリスト教史を二〇センチの長さだとすると、日本人はまだそのうちの一センチ、あるいはそれにプラス五ミリくらいの付き合いしかないということである。

†世界に最も大きな影響を与えた人物は誰か

だが、それにもかかわらず、私たちはキリスト教という宗教を軽視することはできない。その理由は、やはりその宗教文化が、今私たちが生きているこの社会の形成に大きな影響を与えているからである。

これまでの人類史において、後の世界に最も大きな影響を与えた人物を一人挙げるとしたら誰であるかを考えてみよう。科学者、発明家、政治家、軍人など、いろいろな人が挙げられるだろうが、宗教家もかなり有力な候補になるだろう。

今現在の世界で最も信徒数の多い宗教はキリスト教である。世界の総人口約七〇億人のうち、キリスト教徒は約二三億人、イスラム教徒は約一七億人だ。キリスト教信仰の有無や好き嫌いは別にして、イエスこそ良くも悪くも後の世界に最も大きな影響を与えた人物だ、という意見があってもおかしくはない。

日本の歴史も、キリスト教を抜きにしては語れない。戦国時代や明治時代に日本にやって来た宣教師たちのインパクトはやはり強烈で、彼らの宗教はわが国の政治や文化に極めて大きな影響を与えたのである。

キリスト教や宣教師に対するこれまでの日本人の接し方を振り返ることは、今の私たちがあらためて「日本人」について再考するうえでも、重要な鍵の一つになるかもしれない。

「宗教」という言葉は、一九世紀の後半に religion の翻訳語として定着した、極めて新しい日本語である。Christianity が「キリスト教」と訳されて、その訳語が定着したのも、実はほぼ同時期である。

「神道」があるなら「キリスト道」でもよかったと思われるが、なぜ「キリスト教」になったのだろうか。そこには、すでに当時の日本人なりの「宗教」観があったからである。

日本人とキリスト教、というテーマは、単なる特定宗教の話にとどまらず、「宗教」や「信仰」そのものについて、今も多くの日本人が当然だと思い込んでいることを疑ってみるための、ちょうどよい糸口にもなるであろう。

†信仰があるのかないのか、という問い

ところで、キリスト教に関する本を書くと、多くの読者は、著者自身はキリスト教徒なのか、そうでないのか、という点に関心を持たれるようである。あらかじめ先入観を持った方が読みやすいのか、あるいはその本の中立性を気にされているのかわからないが、とにかく知っておくと安心できるようである。

それにお答えすると、私自身は、自分をキリスト教徒であると認識している。某教派で洗礼

を受けているので、キリスト教徒ですかと問われれば「はい」と答えている。非キリスト教徒の方々は、私のそうした返答を実に素直に受け入れて下さる。

ところが、逆にキリスト教徒の中には、その宗教に対して懐疑的なことも言う私のような者はキリスト教徒ではないと考える方もいらっしゃるようで、かつて、ある年上の信徒の方から、あなたには信仰がない、と言われたこともある。

しばしば、キリスト教徒たちは、自分の信仰についてだけでなく、この人はどうか、あの人はどうか、と他人の信仰の有無やその姿勢についてまで気にする。キリスト教史はそういう話の積み重ねだと言ってもいいかもしれない。

だが、素直に考えると、確かにふだん私たちは本当の自分とは何なのかあまりよくわかっていないままなんとなく生きているものなので、自分には信仰があると思っていても本当は無いということも、可能性としては否定できない。

では、いったい「宗教を信じる」とはどういうことなのだろうか。自分や他人の信仰の有無を問題にすることにはどんな意味があるのだろうか。そもそも、宗教は「信じる」ものなのだろうか。

実は、こういった問いそれ自体が、本書の究極的なテーマでもある。

明確な答えは出せないかもしれないが、本書がそうした問いの立て方について再考するきっかけくらいにはなれたらいいと思っている。

以下で扱う事柄は時間的にも空間的にも限られた範囲内のものではあるが、それでも関連する先行研究の量は膨大で、とてもその全てに目を通すことはできなかった。せめて事実認識には誤りがないよう注意したつもりだが、もし何かお気付きになられたら、何卒ご教示いただければ幸いである。

第一章

キリスト教を知らずに死んだ日本人に「救い」はない？

フランシスコ・ザビエル

1　ザビエルが期待した日本人

†ザビエルとその時代

イタリアで、すでに「最後の晩餐」を完成させたダ・ヴィンチが、今度は「モナ・リザ」の制作に取りかかっていたとされる頃のことである。

現在のスペイン北部、当時はナバラ王国と呼ばれた所で、一人の男の子が生まれた。彼の名は、フランシスコ・ザビエル。

時は大航海時代であり、彼が生まれた一五〇六年は、コロンブスが死んだ年でもある。マルティン・ルターによって宗教改革の火蓋が切られた時、ザビエルは、いまの日本でいうと小学校の五〜六年生にあたる年だった。ヨーロッパの政治・社会が激動する時代に生まれ、育ったわけである。

大人になったザビエルはパリの大学で学び、そこでイグナチオ・デ・ロヨラと出会って彼から強い影響を受けた。そして、パリのモンマルトルで、仲間たちとともに生涯をキリスト教宣教に捧げる誓いをたてる。これが「イエズス会」の始まりである。

奇しくも、このイエズス会結成時の「誓い」が立てられたのと同じ一五三四年に、日本では織田信長が生まれている。後の信長は、日本におけるイエズス会の宣教活動に大きな影響を与える人物となる。

ザビエルがリスボンを出発し、二度とヨーロッパへ戻ることのない宣教の旅に出たのは、一五四一年であった。日本が壮絶な太平洋戦争を始めるちょうど四〇〇年前にあたる。

ザビエルが日本にやってきたのは、一五四九年の八月一五日。

彼は四三歳だった。

†四隻のうち二隻がたどり着ければ大成功

当時の船旅は、まだ危険の多いものだった。

造船や航海の技術がそれまでと比べれば進歩したとはいえ、現在の私たちからすれば実に素朴な木造帆船の時代である。運悪く嵐にあえば、文字通り海の藻屑となることも珍しくなかった。遠い地への宣教は、命の保証のない冒険だったのである。

当時、アジア宣教の拠点だったインドのゴアから日本へ向かうルートの航海では、暴風雨や暗礁によって難破する危険があっただけでなく、海賊に襲われる可能性もあった。

ザビエルが残した書簡によれば、四隻で出発して、そのうち二隻が無事にたどり着ければ大成功だとさえ言われていたようである（河野純徳訳『聖フランシスコ・ザビエル全書簡』書簡第七〇、七一、八五など）。

長い航海中の船内では、食料は腐りやすく、水も不足しがちであった。ビタミンCの不足で壊血病《かいけつびょう》になり、途中で死んでしまう船員や宣教師も多かった。遠い地へ宣教に行く者たちは、もう二度と家族に会えず、生きて故郷に戻れないのも当然のこととして覚悟していたのである。死者の出る過酷な船旅を経て来日し、戦国武将たちとも堂々とわたり合った当時の宣教師たちについては、静かに微笑む優しい神父というよりも、肝のすわったタフな男たちだったとイメージした方がよいかもしれない。

宣教師たちは、家庭を作らず、金も求めず、ただその強靭な信仰を行動原理とした。とはいえ、彼らは、単に「愛と平和」の教えを説いて、救貧・医療などの慈善活動をしただけではない。それによって多くの日本人が救われたのは事実だが、それだけであったならば、後に壮絶なキリシタン迫害など起きなかったであろう。

ザビエル以降の宣教師たちは、日本国内におけるキリシタンの勢力を維持・拡大するために、いわゆる南蛮貿易に深く関与した。そして、その延長で、一部の大名に対する軍需物資調達の仲介にも積極的で、つまり今で言うところの戦争協力もおこなった。

そうした宣教師らは、日本語や日本の習慣は学ぼうとしたものの、日本の既存の宗教には不寛容だった。彼らは仏教を悪魔によって考案された偶像崇拝だと見なし、多くの寺院・仏像の破壊も指導したのだった。

要するに、宣教師やキリシタンは、単なる一宗教にとどまらず、日本の政治・社会全体にさまざまな影響を与える存在になっていったのである。

†ザビエルを日本に導いた日本人

日本へのキリスト教伝来というとザビエルの名前ばかりが口にされるが、彼は一人で日本に渡って来たわけではない。

ザビエルは、同じイエズス会の司祭コスメ・デ・トーレス、修道士のジョアン・フェルナンデス、そしてアンジロー（もしくはヤジロー）という名の日本人を連れていた。

さらに、召使、従僕として二名の日本人（ジョアネとアントニオ）もおり、一名の中国人（マノエル）と、一名のインド人（アマドール）もいた。つまり、ザビエルは合計八名のチームを組んで来日したのである。

このなかで、アンジローはポルトガル語と日本語の両方を話せる唯一の人物であった。そもそもザビエルは、このアンジローがなかなか賢い人物であったことから日本に強い興味をもつようになったと言われている。日本での宣教は、アンジローの案内と通訳なくしてはありえないものだった。

『ザビエルの同伴者アンジロー——戦国時代の国際人』などの著書がある岸野久《ひさし》によれば、アンジローは単なる通訳にとどまらず、説教や教理教育の面でもザビエルの右腕として重要な役割を果たしたようである。

アンジローは一五一一年頃の生まれなので、ザビエルとほぼ同世代と言ってよい。死んだのはザビエルが死去する一年前の一五五一年頃と推測されている。

彼は鹿児島出身の商人で、何らかの事情で人を殺してしまったため、ポルトガル船にもぐりこんで日本を脱出し、マラッカに逃亡した。そこで、ザビエルと出会ったのである。彼はザビエルを日本に導いたわずか数年後に、中国で海賊に殺されたと言われている。

アンジローについての日本の史料は皆無だが、わかっている限りでは、彼の人生には偶然に偶然の重なった不思議なめぐり合わせがあったようである。

†アンジローの不思議な運命

アンジローがザビエルと出会うまでのプロセスは、次のようなものであった。

殺人を犯して追われていたアンジローの日本脱出を助けたのは、ヴァスという名のアンジローと旧知のポルトガル商人であった。ヴァスはある人物に紹介状を書いてやり、その人の船に乗って逃げるようアンジローに勧めた。

ところが、人目を避けて夜中に出ていったアンジローは、なぜか間違えてアルヴァレスという別の人物にその紹介状を渡し、彼の船に乗ってしまう。だが、偶然にも、そのアルヴァレスがたまたまザビエルの信奉者であり、ザビエルからも篤く信頼されている人物だったのである。

マラッカへ向けて航海しているあいだ、アルヴァレスは船の上でアンジローにザビエルの人となりについて語って聞かせ、そしてキリスト教について教えた。

アンジローはアルヴァレスにすっかり感化され、彼をとおしてキリスト教に強く惹かれた。そして、ぜひそのザビエルという宣教師と会って、洗礼を受けたいと望むようになったのである。

ところが、マラッカに着いた時にザビエルは布教のために不在で、アンジローは彼と会うことができなかった。代わりにそこで出会った別の司祭は、なぜかアンジローに対して冷淡で、日本に帰って異教徒の妻と生活すべきではないなどと言い、彼に洗礼を授けることを拒否したのである。

アンジローは意気消沈し、やがて中国経由で日本に戻ることにした。

ところが、中国に渡って日本へ向かう船に乗り、ようやく日本の陸地が見えかけてきたとき、その船は突然激しい嵐に襲われた。彼の乗った船は四日間も荒れた海に翻弄され、とうとう日本上陸を断念して、命からがら中国の港に引き返していったのである。

すると、なんとそこで、アンジローはかつて逃亡の手助けをしてくれたヴァスと再会したのである。ヴァスはアンジローがキリスト教徒になろうとしていることを知って驚き、マラッカに戻ればザビエルに会えると助言し、それを勧めた。

こうして、アンジローはヴァスの船でマラッカに戻った。そして再び恩人アルヴァレスと会い、彼の導きによって、とうとうザビエルと運命の出会いを果たしたのである。ここに、日本キリスト教史の物語が幕を開ける。

人と人とのつながりというのは、不思議なものである。

もしザビエルとアンジローがマラッカで出会わなかったら、日本へのキリスト教伝来のタイミングは大きくずれていたかもしれない。アンジローにマラッカ行きを勧め、物心ともに彼を助けたポルトガル商人たちも、日本キリスト教史に影響を与えたことになる。

かつてアンジローに殺されたという人物も、まさか自分を殺す男が、後に日本史における重要な脇役を演じることになるとは思ってもみなかったであろう。

†「なぜ日本語は縦書きなのだ?」

アンジローは、日本人初のキリスト教徒とされている。

日本人とキリスト教の出会いとしては、九世紀初頭に唐に渡った空海が景教《けいきょう》（ネストリウス派のキリスト教）に接していたかもしれないとする説もあるようだ。

また、ザビエルの来日以前に、商売のため、あるいはその他何らかの事情で海外に渡ったり流れ着いたりした日本人がそこでキリスト教に接し、キリスト教徒になったという可能性もないわけではないようだ。すでに一六世紀には東南アジアの各地に日本人町も形成されていたように、日本人は意外と早くから海外に出ていたからである。

だが、記録に残っている限りでは、アンジローが日本人で最初のキリスト教徒ということになっている。

アンジローはザビエルとともに日本へ行く前、彼の勧めでインドのゴアにある聖パウロ学院で学んだ。そして一五四八年に洗礼を受け、それ以後は洗礼名が「パウロ・デ・サンタ・フェ」（聖信のパウロ）であることから、略してパウロと呼ばれるようになった。

アンジローは教会の大勢の人々の前で自分が受けた授業内容を復唱し、気の利いた質問をすることもできたという。

ザビエルは書簡で、「もしも日本人すべてがアンジローのように知識欲が旺盛であるなら、新しく発見された諸地域のなかで、日本人はもっとも知識欲の旺盛な民族であると思います」（書簡第五九）と書くなど、彼の知性を非常に高く評価していた。

アンジローは、ザビエルと出会った時にはすでにポルトガル語をマスターしており、それもわずか八カ月間で読み書きも会話も習得したのだった。

ポルトガル語は英語などと同様に横書きで、日本語は縦書きである。ある日、ザビエルはアンジローに「なぜあなたたち日本人は私たちのように文字を横向きに書かないのか」と尋ねた。するとアンジローは、「それよりなぜあなた方は私たちのように縦に文字を書かないのか」と逆に問い返したのだった。アンジローによれば、人間は頭が上にあり足が下にあるので、書く時も上から下に向けて書くのが自然ではないか、というのである。

ザビエルはアンジローとこうしたユーモラスなやり取りがあったことを、当時ローマにいたイグナチオ・デ・ロヨラにも手紙でわざわざ報告している（書簡第七一）。

†日本人に期待したザビエル

来日前のザビエルは、日本と貿易をしている商人から、日本に関する情報を可能な限り入手していた。日本の人々は才能豊かで礼儀正しく、宗教のみならずあらゆる学問について学ぶ意欲が旺盛だと聞いていたようである。

そして彼は、日本にはキリスト教徒になりたがっている裕福な大名がいる、日本人はキリスト教の説教を聞きたがっていると信じ、そうしたことをポルトガルにいる仲間の神父に宛てた手紙にも書いている。

実際に日本に着いてからのザビエルの書簡によると、彼の目に日本は「聖なる信仰を大きく広めるためにきわめてよく整えられた国」と映った。彼はあらためて、日本人の人柄や知性を非常に高く評価したのだった。

ザビエルは書簡で、「この国の人びとは今までに発見された国民のなかで最高であり、日本人より優れている人びとは、異教徒のあいだでは見つけられないでしょう」と書いている。

また、「彼らはたいへん善良な人びとで、社交性があり、また知識欲はきわめて旺盛です」「彼らは親しみやすい」「悪意がない」といった日本人を褒める言葉が多く見られる（書簡第九〇）。

だが、ザビエルの書簡や報告書は、仲間のイエズス会士にも自分に続いて日本に来てほしいという願いを込めて書かれたものなので、少しでも日本に興味をもってもらえるよう、ポジティブな内容になりがちだったのではないかとも思われる。

イエズス会の神学校では、海外から送られてきた宣教師の手紙を教室で読み聞かせ、生徒たちの宣教への情熱をかきたてるようにしていたからである。

また、ザビエルは慣れない国に来て今後の活動については不安もあったであろうから、日本人が自分を受け入れてくれるように願うあまり、無意識に自らの願望や期待を書く傾向もあったかもしれない。

ザビエルは確かに日本人を高く評価したが、中国へ宣教するために日本を離れ、いったんゴアに戻ってから書いた書簡では、「日本人はたいへん好戦的で強欲」であるとも述べている（書簡第一〇八など）。また、日本人はしばしば外国人を軽蔑する傾向があるとも指摘しているので、あまり彼の日本人評に一喜一憂しない方がいいだろう。

ザビエルは、特に日本の僧侶《ボンズ》たちが性的に乱れていたことについて書簡で繰り返し言及し非難している。

僧侶たちは「子供たちと邪悪な罪」を犯しており、また尼僧《にそう》とも関係をもつ者がいて、彼女らが妊娠したと気付くと堕胎のための薬を飲ませて処置しているらしいなど、来日してまだ三カ月ほどしか経っていない時に書かれた書簡でも、妙に細かな点まで観察し報告している（書簡第九〇）。

†ザビエル、四六歳で死去

ザビエルは鹿児島から平戸、山口、京都などをめぐり、二年三カ月ほど布教した後に日本を離れた。彼が日本にキリスト教を伝えた最初の人物であることは確かだが、実際の滞在期間は意外と短い。

ザビエルは日本の高度な文化が中国に由来することを知り、日本人に信仰を受け入れさせるにはまず中国をキリスト教化することが大事だと考えるようになったのである。

彼は日本を離れる際に、数名の日本人を伴っている。

そのうちの一人、ベルナルドと名付けられた青年は、後にポルトガルに渡ってコインブラ大学で学び、ヨーロッパへの日本人留学生第一号となっている。彼は日本に戻ることなく、その地で病死している。

ザビエルはいったんゴアに戻った後、あらためて中国大陸を目指すが、一五五二年に上川《サンシヤン》島で急な病にかかり、四六歳で死んでしまった。

後にザビエルの遺体（の大部分）は、アジア宣教の拠点であったゴアに運ばれ、ボム・ジェズス教会に安置されるようになった。ミイラ化した彼の遺体はケースに入れて保管されており、現在も一〇年に一度、一般に公開されている。

†ザビエルが宣教で重視したもの

ザビエルにとって、基本的には日本の印象は良かったようだが、それでも日々の生活と宣教活動には苦労が多かったようである。

彼は毎日のように大勢の訪問客に押しかけられ、質問攻めにあった。祈りや瞑想の時間どころか、食事の時間も満足に取れないほどだったという。

来日してしばらくすると仏教の僧侶と激しく対立するようになったので、インドに戻ってから書いた書簡では、日本へ行く神父は「大きな迫害」を受けることを覚悟せねばならない、とも繰り返し書いている。

ザビエルによれば、今後日本に行く宣教師は僧侶との議論に備えてしっかりとした学識がなければならず、特に「哲学」と「弁証法」をよく学んでおくことが大切だと述べている。知的に未熟であったり、実社会で訓練されていなかったりする若い神父ではだめだというのである。

さらに、日本では食べ物が粗末で、寒さにも耐えねばならず、ベッドもないので、学識はあっても年老いて体力のない神父もまた宣教には適さないとして、人選はくれぐれも慎重にせよと述べている。

また、日本人は天体の運行、日蝕、月の満ち欠け、彗星などについて知ることを大変喜び、雨、雪、雹《ひょう》、雷、稲光やその他さまざまな自然現象についても知りたがるので、それらをうまく説明できれば、人々から好意を得るのに役立つとも述べている（書簡第九六、一一〇など）。学識のある者だと思ってもらえれば、信仰に関する話についても信用が得られ、効果的な宣教ができるというわけである。

後の章で詳しく述べるが、一九世紀末、明治時代の日本人も、キリスト教宣教師たちからさまざまな新しい知識、技術、学問を学ぶことに貪欲であった。

明治時代は、宣教師の側もそうした学問へのニーズがあることを十分に認識したうえで来日していたのだが、学問的知識が宣教活動に利用できるということは、最初の宣教師ザビエルによってすでにはっきりと意識されていたのである。

†宣教と商売

ところで、ザビエルは日本にやってきて三カ月ほどしてからゴアにいる神父に宛てて書いた書簡のなかで、日本とポルトガルとのあいだで活発に貿易がなされることが宣教にも有利である、という主旨のことを述べている。

ザビエルは、神父を日本に渡航させる際にはインド総督が「日本国王」（天皇のこと）への親書とともに献呈できるような相当な額の金貨と贈り物を携えてくるよう求めている。日本国王がキリスト教徒になれば、ポルトガル国王にとっても物質的利益をもたらすと考えたからである。

また、大坂（堺）には多くの商人と金持ちがいて、日本中の銀や金の大部分が集まってきているので、ここにポルトガルの商館を設けたらどうか、という提案もしている。

そして、インドの壮大さを知ってもらい日本にはない物品を見てもらうために、日本の国王にインドへ大使を派遣するように働きかけてみるとも述べている。

さらにザビエルは、神父を乗せる船には胡椒《こしょう》はあまり多く積み込まない方がよい、八〇バレルまでにせよ、などとも書いている。なぜかというと、堺の港についた時、持ってきた胡椒の量が多いと安く買われてしまうが、少ないと高く買われて儲けが大きくなるからである。こうした細かな助言までしているのも興味深い。

彼はそうしたことを書いた書簡に、日本で高く売ることのできる商品のリストまでわざわざ作成して添付したようだが、それは残念ながら失われてしまい、今はその内容を知ることはできない。

†現実主義的なザビエル

ザビエルは、日本に行くことによって経済的な利益があるとわかれば、ゴアの人々も進んで船を出してくれるであろう、と考えた。

はじめの動機が日本と商取引を結ぶためであったとしても、それと同時に宣教師たちを運んでくれるのならば、結果としてよいことだというわけである。

彼は「私がインドで経験したところでは、〔物質的な利益に〕関係なく、神への愛だけで神父たちを渡航させる船を出すものは、誰もいない」（書簡第九三）とも書いている。宣教師ザビエルもかなり冷静に現実を見ていたわけである。

当時の宣教は、「信仰」だけでなく、国王とその経済力の後ろ盾があってこそ可能だったことを考えると、これは当然といえば当然の感覚だったとも言えるかもしれない。

大航海時代、カトリック教会はイベリア半島の二つの国、すなわちポルトガルとスペインの世俗権力と密接に結びついて海外布教をおこなっていた。

両国が布教に経済援助をする代わりに、教会聖職者の人事に介入するという布教保護権の制度があったからだが、要するに、ローマ教皇は両国の海外進出と植民地支配を実質的に正当化し、宣教は政治的な進出と並行するかたちで進められていたのである。

そうしたことも鑑みるならば、命を賭けた宣教師たちの活動には一目置くべきではあるものの、単純に全てを美化して済ませられる話でもないのである。

†日本人からザビエルへの質問

ザビエルによる宣教は、短期間で一定の効果をあげていた。しかし、当時の日本人たちも、そう単純にキリスト教を受け入れたわけではなかった。当時の日本人はザビエルに対して、現代の私たちから見てもなかなか鋭い質問をしていたのである。

まず一つは、悪の存在と神のあわれみに関する質問である。

ザビエルは、日本人に世界の創造主である「神」について教えた。すると日本人は、その万物を創った神というのは、善であるのか悪であるのか、と問うた。ザビエルはそれに対し、神はもちろん善であり悪はみじんも混ざっていない、と答えた。

だが、人々は当然ながら、この世には「悪」としか言いようのないものがあることを経験的に知っている。したがって、善である神が悪を生み出しているという矛盾した話になるため、ザビエルの言うことなど信じられない、と言ったのである。

それに対してザビエルは、神はあくまで善いものを造ったのだが、悪魔や悪人は勝手に悪くなったので、神は彼らをこらしめ、終わりのない罰を課すのだ、と答えた。

すると日本人は、神が地獄を造り、そこへ送られた者たちは永遠にそこで苦しまねばならないというのならば、神は情け深いとは言えない、むしろ無慈悲ではないか、と言った。そもそも、善である神が人間を造ったのならば、なぜ神は人間が悪を犯すことを知っていながらそれを許しておくのか、とたたみかけたという。

つまり彼らは、どうして神は人間をこんなに弱く罪に陥りやすいように造ったのか、最初から完全な状態で創造すればよかったではないか、と問うたのである。

善である神が支配しているはずのこの世において「悪」の存在をどう説明するのか、という議論は神義論と呼ばれ、キリスト教神学では古典的なテーマである。当時の日本人は、キリスト教と出会った瞬間からすぐにそれを問題にしたのである。

日本人のこうした問いに対して、ザビエルは、「主なる神の恩恵のお助けによって、罪の償いができると説明」したことで、「彼らは満足しました」と書簡には書いている（書簡第九六）。だが、本当にそのような返答で当時の日本人がみな納得できたのかどうかは不明である。

実際のところ、ザビエルは日本人からの質問には手を焼き、かなり困ったこともあったのではないかと思われる。だからこそ彼は、日本に来る宣教師は哲学などをしっかり学んだ優秀な者でないといけない、と繰り返し書簡に書いたのであろう。

†キリスト教を知らずに死んだ日本人に「救い」はないのか？

当時の日本人が抱いたもう一つの疑問は、日本にキリスト教が伝えられる以前の先祖たちの「救い」に関する問題である。

日本人からすれば、ザビエルによってはじめて「キリスト教」を知り、「神」（一神教の神）を知った。それはすなわち、神はそれ以前の日本人には自らのことを示さなかったということに他ならない。

神を拝まなかったら地獄で永遠の罰を受ける、というのならば、自分たちの先祖は何の過失もないにもかかわらず、みな地獄行きということになってしまう。そんな神は、とても善とは言えないし、あわれみ深い存在とも考えられない、というわけである。

ザビエルによれば、これは日本人にキリスト教信仰を持たせようとする際の最も大きな問題であった。芥川龍之介の短編『おぎん』は、まさにこの問題をテーマにした作品である。

ザビエルが「地獄に落ちた人は救いようがない」と言うと、日本人たちは先祖たちのことを思って悲しみ、布施や祈禱などによって何とか救うことはできないのか、とたずねた。ザビエルは、助ける方法は何もないのだと答えると、彼らは涙を流して悲しんだ。

そんな日本人の姿を見て、ザビエルは自分もつらいとしながらも、「悲しんでいるよりもむしろ、彼らが自分自身〔の内心の生活〕に怠ることなく気を配って、祖先たちとともに苦しみの罰をうけないようにすべきだと思っています」などと述べている（書簡第九六）。

確かに「教会の外に救いなし」が当時のカトリック教会の公式見解だったので、そう答えざるをえなかったのかもしれない。

†十戒を実質的に守っていたら大丈夫？

しかし、キリスト教伝来以前に死んだ日本人の救済の問題について、ザビエルの真意は少々わかりにくい。というのも、ザビエルは同じ書簡の中で、神がモーセに与えたとされている「十戒」にそむくこと、すなわち殺すことや盗むことは悪いことであり、悪を避けて善をおこなうべきだということは、人は誰からも教えられずに知っているが、それはつまり、創造主である神がすべての人の心にそう刻み込んだからだとも述べているからである（書簡第九六）。

ザビエルは、キリスト教そのものを知らなかった日本人の祖先も「十戒」を実質的に遵守していたならば救われうる、という理屈を考えていたようでもあるのだ。本人たちは意識していなくても、実は「潜在的なキリスト教徒」だったのだ、「匿名のキリスト教徒」だったのだ、というような論理である。

これは、二〇世紀に宗教間対話が注目された際に、キリスト教が他宗教とその信者を何とか肯定的に捉えようとして用いた論理の一つとも似ている。

浅見雅一《まさかず》の『概説キリシタン史』によれば、実質的に十戒を遵守していたならば「救い」の対象になるというこの考え方は、ザビエルと共に日本へ上陸したコスメ・デ・トーレスの発案で、後にザビエルがそれを採用したということのようである（五五〜五六頁）。

だが、ザビエルは同書簡ではっきりと、キリスト教が伝わる以前に没した日本人の祖先の「救い」はないとも述べているので、結局彼が日本滞在中にどちらの考え方を強調したのかは、書簡の分析からだけではどうもはっきりしない。

†現在の主流派の見解

念のため付け加えておくと、今現在のキリスト教主流派では、キリスト教を知らないまま死んだ人を「地獄行き」だなどと言うことはない。

カトリック教会は、その基本教義を解説している『カトリック教会のカテキズム』で、本人に落ち度がないままキリストの福音を知らずに生涯を送っても、誠実な心をもって生きたならば永遠の救いが得られるという主旨のことを述べている（八四六項）。「教会の外に救いなし」という考えを完全に取り消しているわけではないけれども、文字通りそれにこだわるような姿勢はとっていない。

プロテスタントも、主流派においては、キリスト教を信じないと救われない、と強調することはほとんどない。キリスト教徒である以上、当然自らの信仰の真理性は主張するが、同時に他宗教も尊重している。

この問題に関する神学については煩雑になるので省略するが、さしあたり聖書的根拠としては、「世界が造られたときから、目に見えない神の性質、つまり神の永遠の力と神性は被造物に現れており、これを通して神を知ることができます」（ローマの信徒への手紙、一章二〇節）といった箇所がまず挙げられる。

他にも「キリストは、肉では死に渡されましたが、霊では生きる者とされたのです。そして、霊においてキリストは、捕らわれていた霊たちのところへ行って宣教されました」（ペトロの手紙一、三章一八～一九節）や、「死んだ者にも福音が告げ知らされたのは、彼らが、人間の見方からすれば、肉において裁かれて死んだようでも、神との関係で、霊において生きるようになるためなのです」（同、四章六節）などの箇所も挙げられる。

2　宣教師たちの挑戦と葛藤

†仏教が低迷していたからキリシタンが増えたのか

五野井隆史《ごのいたかし》の『日本キリスト教史』によれば、ザビエル来日からの約一〇〇年間で、イエズス会だけでも一五〇名近くの宣教師が日本にやって来た。フランシスコ会、ドミニコ会、アウグスチノ会の宣教師も加えれば、およそ三〇〇名にものぼる。

彼らがやって来て布教していた時期は、戦国乱世の時代から徳川幕府の確立期にあたっている。キリスト教は当然ながらそうした政治状況の影響を受けたが、同時に日本の政治・経済・社会も、キリスト教という宗教から大きな影響を受けることになった。

この時代の日本で急激にキリシタンが増えていったことについては、しばしば次のように解説されることがある。

すなわち、当時は守護大名の台頭による室町政権の崩壊期にあたり、荘園制がくずれて各地に大名による城下町が形成されはじめるという社会の変革期であった。応仁の乱はザビエルがやって来る約七〇年前に終わっていたが、その後も一揆が頻発し、下克上の風潮もあり、天災もあった。

人々の生活は安定せず、みなが経済的にも精神的にも不安を抱えていた。ところが当時の仏教は形骸化し、堕落の傾向にあり、為政者に利用されることも多く、十分に庶民の精神的な救済にはなっていなかった。そこにキリスト教がやって来て「救い」を説いたので多くの人が惹かれたのだ、といった説明である。

しかし、当時の仏教が「形骸化」して「堕落」していたから人々がキリスト教に惹かれたという説明は、少々安易であるように思われる。

キリスト教が日本に伝来した当時、国内でもすでに一〇〇〇年の歴史をもっていた仏教には、確かに改善されるべき部分はあった。その頃は、山伏や巫術師《ふじゅつし》など非体制の宗教家に惹かれる民衆も少なくなかった。しかし、それでも仏教が日本社会に広く定着していたことは確かであり、当時の仏教を十把《じっぱ》一絡《ひとから》げに「堕落していた」と斬り捨てるのはいささか傲慢であろう。

そもそも、当時のヨーロッパにおけるカトリック教会こそ、聖職売買や贖宥状《しょくゆうじょう》の販売など、さまざまな点から「堕落」「形骸化」しており、本来のキリスト教信仰のあるべき姿から外れているとみなされたからこそ、「宗教改革」が起こされ、プロテスタントが誕生したのであろう。イエズス会自体、キリスト教世界におけるそうした「混乱」や「対立」を背景に生まれたと言ってもいいはずだ。

ザビエルの書簡には、日本の仏教の僧侶は堕落していると指摘する箇所がいくつもあるが、当時はカトリック教会の側にもさまざまなえげつない問題があって、「堕落」した司祭もいたことを棚に上げてはいけない。

ある程度歴史が長く規模の大きな宗教には、それぞれの時代に常にポジティブな面もネガティブな面も見出せるのであって、全体として堕落していたか否かといった議論をすることにはあまり意味がないだろう。

†戦乱のなかでの宣教

ザビエル以降に来日した宣教師たちは、大名たちが覇を競っていた当時の日本の不安定な政治状況について、キリスト教が浸透していくうえではマイナスだと考えた一方で、時にはプラスだとも考えていたようだ。

五野井は前掲書で、当時のイエズス会士たちのあいだでは、戦乱によってかえって平和時には入り込めないところにも行けたため、こうした状況下でこそ「精神上の漁獲《ぎょかく》」(＝宣教)をはかどらせることもできる、という認識を示した記録もあることを紹介している(二三頁)。

普通に考えれば、戦乱はスムーズな宣教活動を阻害すると思われるだろう。京都では一五七〇年代に入っても戦乱が続き、宣教師たちは家財と祭具と書物をもって市中を逃げ惑いながら、キリシタンたちの信仰を支えたという。

だが、別の地域の領主らは、自分たちの軍事力を高めて支配地域を広げるために、ポルトガル船から鉄砲や火薬原料を求め、また貿易による富の蓄積を試みた。ポルトガル商人たちは神父には一目置いていたので、日本の領主たちも交易で利益を得るため同じように神父を優遇したのである。

ポルトガル商人にとっても日本の領主にとっても、日本語とポルトガル語を解し信頼もできる神父は、貿易の仲介に不可欠な存在だったのである。

当時の日本人が、宣教師を受け入れることは結果として自分たちの戦争に有利に働くと考えていたというのは、現在の価値観からすればなかなか皮肉な話である。

キリシタン大名として有名な大友宗麟、有馬晴信、大村純忠などは、いずれもまずは貿易による利益に関心があって宣教師を優遇し、領内にキリスト教を強制した。

また大名たちは、物質的・経済的な恩恵以外にも、キリスト教の信仰、儀式、倫理などを利用して領主と領民とのあいだの連帯を強化し、支配を完全なものにしようとする意図もあったようである。

†慈善は宣教にプラスにならなかった?

宣教師たちの目には、日本人は意外と識字率が高く教養があると見えたようである。日本人で修道士になった者のなかには、元僧侶や医師など知的レベルの高い者や、琵琶法師《びわほうし》出身の者など、庶民にキリスト教の教えをわかりやすく語り伝えることができる人材もいた。

また、先にも述べたように、知識人たちは宣教師たちの科学的知識に感心し、それをきっかけにキリスト教へ改宗することもあった。

しかし、京都や堺などでは布教が思うように進展しなかった理由の一つとして、当時の畿内の人々は九州と比べれば、仏教についても造詣が深いなど、全体的に知的水準が高かったからだ、と解説されることもある。

結局、知性や教養があればキリスト教信仰を得るにいたる可能性が高まるといえるわけではないし、知性と教養のレベルが低ければキリスト教を信じやすくなるというわけでもない。

日本のみならず諸外国を見ても、知的水準の高低とキリスト教信仰の有無とのあいだに、明確な因果関係や相関関係を見出すことはできない。

初期にキリスト教に改宗した日本人は、医師や僧侶などを除くと、多くが農民や漁民などの貧しい人たちであった。ハンセン病や盲人などを含めた病人たちが、治療を求めて宣教師のところを訪れる例も多かった。

キリシタンたちによる救貧活動もおこなわれ、それも人々をキリスト教に導く要因の一つになったと言われている。当時のキリシタンたちは、宣教師の指導のもとでミゼリコルディア（慈善組合）やコンフラリア（信心会）を組織して貧民のために炊き出しをするなど、慈善活動も多くおこなった。

食べさせ、着させ、癒やし、見舞う、といった事業を通して人々がキリスト教に理解と信頼を寄せるようになったのは、当然といえば当然のことだったであろう。貧者や病人の世話は、人としてとても大切なことである。

しかし、そうした活動をとおして貧者や病人たちをキリスト教に導くというやり方は、信徒の多くが身分の低い者ばかりになってしまうことにもつながった。キリシタンになった者のなかには、自分も下層民だと思われることを恐れたり恥じたりする者が出てくるという問題も生じてしまったのである。

当時の現実問題としては、キリシタンの社会的地位に関する事柄は無視できなかったため、宣教師のなかには、慈善活動は結果としてはイエズス会の活動全体にとって不利になるのではないかと考える者もいた。

†仏教とキリスト教は似たようなもの？

ところで、ザビエルは髪も目も黒く、背もさほど高くはなかったようだ。ザビエルがやって来たばかりの頃、日本人は彼を天竺《てんじく》から来た仏教の新しい宗派の坊さんだと思い込んだようである。だが誤解による「類似性」も、結果としては当時キリスト教が急速に受け入れられた原因の一つと言えるかもしれない。

ザビエルが大内氏の保護を受けて山口に滞在していた際、真言宗の僧侶はザビエルの言っていることは自分たちの考えと同じだとして、敬意を表し歓迎した。彼らは大日如来《だいにちにょらい》とデウスの教えは合致すると考えたのである。

また、禅宗の僧侶は宣教師の説く教えと、自分たちの「本分」の境地は同じであると考え、法華宗の者は「妙《みょう》」、浄土宗の者は「阿弥陀《あみだ》」であると解釈したようである。

次のような話もある。

ある日、南林寺という禅寺の住職が宣教師ルイス・デ・アルメイダを呼んでキリスト教についての解説を求めた。宣教師と何日も議論をしたあと、その住職はすっかり感心してキリスト教の神とその教えが真理であることを認めたという。

そして彼は、ぜひ洗礼を受けたいと言ったのだが、さらに加えて、以後自分の寺に来る人にはまず禅宗の瞑想を教え、そのあとにキリスト教の福音を教え導くことにしたいなどと語り出したという。

つまり、彼はその段階では、仏教とキリスト教とを根本的に異なる別のものだとは認識できていなかったのである。

†既存の思想との類似

ザビエルが日本を去った後、トーレスは山口の大内義長《おおうちよしなが》から大道寺という寺の使用許可を得て、それが最初のキリシタン教会となる。大内氏によるその時の裁許状では、イエズス会の司祭のことは「僧」、キリスト教のことは「仏法《ぶつぽう》」と書かれている。

とはいえ、これは単に、当時はまだ日本のキリスト教用語が定まっていなかったため、便宜的に仏教用語を用いただけであり、これをもってしてキリスト教と仏教が同一視されたと考えられるわけではない。

だが、思想的な面としては、しばしばキリスト教と天道《てんとう》思想との関連も指摘されてきた。五野井は前出の『日本キリスト教史』で先行研究を踏まえながら次のように述べている。

奈良・平安時代以来の神仏習合・混合の信仰、足利学校の禅僧による儒学の講義と儒仏一致論の発展、さらに、これにもとづく神儒一致論が日本人の宗教観を一神教的方向へと導いていたことが、一神教であるキリスト教との接触を可能にした。とくに、唯一神道説を唱える吉田神道にみられた天道思想は、戦国期武士の間に、所与の事態を肯定するイデオロギーとして、根強い支持をえていた。天道思想は、神・儒・仏あるいは儒・仏・道の三教一致論を思想的基盤として発生し、流行したものであった。（一九頁）

当時の武士や知識人は、天道思想を媒介にしてキリスト教を理解したため、西洋文化としてのキリスト教と当時の日本人の思想や感覚とのあいだには、現在の私たちがイメージするほど大きなギャップはなかったと考えることもできるかもしれない。

「天道」は当時の日本人には一般的な観念で、人間の運命を左右する摂理であり、同時に神仏とも重ね合わせて理解された。また、目上を敬い目下を慈しんで正直であれと道徳的な実践も求めるなど、一神教的神観と類似性があったとも言われる。

一五九五年に刊行された『羅葡日《らほにち》対訳辞書』では、「デウス」の訳語として「天道・天尊・天帝」があてられている。さらに、一六〇三年の『日葡《にっぽ》辞書』でも「天道」の見出しがあり、

「デウス」との関連に触れられている。

†キリシタンはキリスト教を正しく理解していたのか

宣教によりキリシタンは増えていったが、当時はキリシタンたち自身でさえ、どこまで正しくその宗教を理解できていたのか、実態はかなりあやしいとも思われる。

ザビエルの後に来日したある宣教師は、キリスト教徒になった日本人が、祈りの言葉も満足に覚えないうちに他人をキリスト教に改宗させようと熱心になっているのを見て当惑したとも述べている。

当時の日本にはキリスト教の解説書などなかったし、キリシタンたちは聖書さえ十分に読まれていなかった。本人はキリスト教に改宗したつもりでも、十分にその思想や教義を理解していたとは考えにくい。

ある宣教師は一日で八〇〇人に洗礼を授けたとか、またある地域ではわずか三カ月で四〇〇〇人がキリシタンに改宗した、などという話も伝えられている。

当時の人々のキリスト教に関する知識は、ごく簡単な説教によって語られた内容以上のものではなかったはずで、人々は極めてわずかな情報しかなかったにもかかわらず改宗や入信という大きな決断をしていたことになる。

当時の宣教は、「集団改宗」を目指すという現代からすれば特殊なスタイルのものだった。必ずしも全員が自らの意思で決断したとは限らない。したがって「キリシタンになる」「入信する」「改宗する」といった行為それ自体についての姿勢や考え方において、当時と現在とではかなりのギャップがあることも念頭に置いておく必要がある。

キリスト教徒が「信仰をもつ」というとき、実際にどこまでその宗教を「理解」しているのか、そもそも「信仰」とは何かという問題については、第五章と第六章で、あらためて考えることにしよう。

†誤解が解けて、対立へ

最初期の通訳はアンジローが務めたが、それはまだ不完全なもので、はじめはキリスト教の「神」を「大日」と説明してしまうなど、誤解を招く部分もあった。

しかし、やがてそれが不適切であることに気付き、ポルトガル語で「デウス」と呼ばせるようにするなど修正を加えていった。周囲もしだいに、ザビエルが話していることは仏教と根本的に異なる教えであることを認識していった。

仏教との違いが明らかになってくると、やがてザビエルははっきりと仏教の説くことを批判し、また僧侶たちの悪習も非難するようになった。

キリシタンへの改宗者が増えていくと、布施の額が減るという現実的な問題も出はじめたようで、ザビエルと僧侶たちとの関係は悪化して、嫌がらせや攻撃をされるようになっていった。

ザビエルは書簡で、日本の僧侶たちの頭脳には一定の評価をしているが、自分たちが仏教の誤謬を証明し始めると、僧侶たちは敵意をあらわにしてこちらを攻撃してくるとも述べている。僧侶たちは、キリスト教の神「デウス」は「ダイウソ」(大嘘)である、などとも喧伝していたらしい。

ザビエルは、仏教の考えがわかるようになると、毎日のように質問したり討論したりした。キリシタンになった者たちは、それまでは仏教のいずれかの宗派に属していたので、彼らがザビエルに「敵」である僧侶たちの信条を解説してくれたようである。

ザビエル自身によれば、僧侶からの質問に対して彼はちゃんと答えてみせたが、ザビエルからの僧侶たちに対する質問には彼らがうまく答えられなかったので、キリシタンになった者たちはそうした様子を見て喜んだという。

ザビエルの仏教批判に対して、もちろん仏教側も黙ってはいなかった。

僧侶たちは領主に対し、領民がキリスト教を信じるならば、神社仏閣は破壊されて領民は離反し、領地を失うことになるだろう、と迫った。宣教師の行く先々では土地の秩序が破壊され、人心は乱れてしまうと言われ、当時頻発した武力衝突もキリスト教のせいにされた。宣教師たちは人肉を食べている、などという気味の悪い噂も流された。

†トーレスによって軌道にのった日本宣教

ザビエルが日本を離れてからも、多くの宣教師がやって来て活動を続けた。初期の日本宣教を主導したのは、ザビエルと共に来日したコスメ・デ・トーレスである。

トーレスはザビエルの布教方針を継承して、日本人に対する適応主義を守り、ポルトガル商船の来航も宣教に活用した。大友宗麟の保護を受けて教会を発展させ、キリシタン大名大村純忠に洗礼を授けるなど、彼が日本宣教に果たした役割は極めて大きい。

実は、トーレスはかつてアンジローの教育係の一人でもあった。ザビエルの助手が務まるよう、アンジローに聖書や教理などを猛特訓したのである。

ザビエルは二年ほどで日本を離れたが、後のトーレスによる約二〇年間にわたる指導によってこそ、キリスト教は急速に広がり、定着していったのである。

ザビエルよりもトーレスの方が日本での活動期間はずっと長いので、ザビエルの夢と志は、実質的にはトーレスによって遂行されたと言ってもいいかもしれない。

だが、その後のイエズス会による日本宣教がずっと理想的な形でなされたのかというと、すべてを肯定的に語れるわけでもない。

†差別的な宣教師もいた

トーレスの次にイエズス会の日本布教長となったのは、ポルトガル人のフランシスコ・カブラルという人物である。このカブラルとその布教方針は、現在ではしばしばネガティブに語られている。

というのも、彼は自分たちが日本人の考え方や価値観を理解したり、それに合わせたりする必要など一切ないと考え、もっぱら自分たちの信仰と文化を日本人に押し付けるという、いささか傲慢な姿勢をとったからである。

カブラルは、日本で宣教しているにもかかわらず、自分たちがわざわざ難解な日本語を学ぶ必要などないとさえ考え、彼自身も日本語の理解はままならなかった。彼はそもそも日本人を信頼しておらず、自分たちの会話を聞かれないようにするためにポルトガル語やラテン語も十分には学ばせないようにした。

カブラルの根本姿勢は、優れたヨーロッパ人が劣った東洋人に恵みを与えてやりに来たのだから、彼らの下等な文化や言語を苦労して学んだり理解してやったりする必要などなく、ただ自分たちの持っているものを与えてやればいい、上から押し付ければいい、というものだったのである。

要するに、彼はヨーロッパ人宣教師中心の植民地主義的布教方針をとっており、アジア人に対して差別意識を持っていたと言ってもいい。

日本人を信頼せず、軽蔑さえしていたにもかかわらず、神の言葉と愛と平和の教えを伝えようとした、というのは現在の私たちからすれば奇妙に屈折しているようにも感じられる。

確かにカブラルも、命を賭けた危険な航海を経て日本にやってきた。カトリック司祭である以上、家族も持たず、個人的な金儲けのために活動したわけでもなかった。

だが、彼は日本人を育成して司祭にすることにも一貫して反対し、日本人には司祭として務めを果たす能力などないと考えていた。イエズス会内で日本人の発言権が強まることも気に食わなかったのである。

カブラルは、日本人には教育を与えず低い地位にとどめておいて、せいぜいヨーロッパ人司祭の補助役に限定すべきだとしていた。彼は日本人のことを「傲慢」で「横柄」で「貪欲」であると報告し、さらには「ニグロ」（黒んぼ）であり「下等な人間」だとも公言していたのである。

†日本人は「白人」？

カブラルによるそのような姿勢の宣教が十数年も続いてしまっていたところに、アレッサンドロ・ヴァリニャーノという人物が来日した。それは一五七九年、すなわちザビエルの来日からちょうど三〇年後のことである。

ヴァリニャーノは東インド管区巡察師《じゅんさつし》という肩書をもっており、彼がカブラルの日本布教の方針を修正することになった。

彼の来日の目的は、これまでの日本宣教の成果を視察することであり、巡察師というのは、事実上イエズス会総長代理と言えるほど大きな権限を持つものであった。ヴァリニャーノは日本に来てすぐ、カブラルは日本人に不寛容で日本人を軽蔑さえしており、彼の布教方針は大きく間違っているということに気付いた。

イタリアのパドヴァ大学で人文主義の教養を身につけ、ルネッサンス的気質を持っていたヴァリニャーノは、もちろん日本人の欠点にも気付いたが、同時に日本人の優れた資質も見抜き、人々の理性やそこにある文化の価値を認めたのである。

彼によってカブラルはその役職を解かれ、日本における布教の方針は大きく修正、立て直しがはかられることになった。

面白いことに、カブラルが日本人を「ニグロ」だと言ったのと正反対に、ヴァリニャーノは『日本巡察記』(松田毅一他訳)で、日本人を「色白い」と報告している。日本人は色白く、礼節をもって上品に育てられており、聡明であり、学問に関しても優れた理解力を有している、と彼は書いている（五頁）。

意外にも、ザビエルも書簡で「日本人は白人です」と書いているのである（書簡第九六）。当時のヨーロッパ人のあいだでは、日本人を肯定的に評価する際には「白い」と表現し、否定的に評価する際には「黒い」と表現したのだろうか。どちらにしても肌の色にこだわったという点では、結局人種差別的な意識があったとも言えるかもしれない。

ちなみに、ヴァリニャーノは来日の際、モザンビーク出身の黒人の従者を連れてきていたので日本人を驚かせた。

当時の多くの日本人にとって黒人は珍しかったのでちょっとした話題になり、見物人が押し寄せたとも伝えられている。信長もその黒人を見たがり、彼を連れてこさせて目の前にすると、その肌の黒さにたいそうたまげた様子を見せたという。

そして信長はその黒人を大いに気に入り、結局彼を譲り受けて最後まで近くにおいた。本能寺の変で信長が死んだ後、敵方はその黒人の処遇に迷ったが、最終的には「動物」だという理由で殺さずに放免したとも言われているが、真偽のほどは不明である。

不思議なことに、目立ちそうな彼がそれ以降どこでどのように過ごし、最後はどうなったのかについて、正確なことはほとんどわかっていない。

†ヴァリニャーノが与えた教育

日本に限らず、イエズス会の海外宣教においては、現地の人々をどのように育成するかが常に問題になった。

ヴァリニャーノの考えは、日本布教のためには日本人司祭を養成することが不可欠だとするものであった。彼は日本におけるそれまでの布教方針をあらためて、日本に順応した布教戦略を実行するようになる。

具体的には、日本人向けに教理問答書を作成し、日本人司祭を積極的に育成するためにセミナリオ（初等学校）やコレジオ（高等教育機関）をつくった。「教育」というものに大変な力を注いだのである。

ヴァリニャーノが来日したのはザビエルの三〇年後だと言ったが、それはすなわち、日本人のキリスト教徒も二代目に入った時期であることを意味する。自ら改宗したのではなく、キリシタンの親によって、生まれながらにしてキリシタンである日本人が育ちはじめたころに、彼はやって来たわけである。

彼は、決して日本人を西洋人のようにしようとしたのではない。キリスト教を教える以上はその背景にある西洋思想を知らねばならないが、日本で日本人に対してキリスト教を語らせるには、日本の文化や思想を知り、日本語を正しく書けねばならない。そうした意識から、彼は西洋古典のみならず日本語と日本文化も重視した。

ヴァリニャーノは日本語を、習得には長い時間がかかるが、ラテン語よりも語彙が豊富で思想を細やかに表現する優れた言語だとも見なしていたようである。

また、キリスト教に密接なものとして音楽や美術も教育された。聖歌の合唱やオルガンをはじめとする楽器演奏の指導がなされ、聖画像や版画も国産できるようにした。戦国時代の末期に、驚くほど幅広い教養が提供されたのである。

ただし、ヴァリニャーノがこうしてコレジオ、セミナリオ、修練院などをつくって教育に力を入れていくことは、大変な金額を「浪費」することでもあった。カブラルやコエリョやフロイスなど、ポルトガル人の司祭は、こうしたイタリア人ヴァリニャーノのやり方には批判的で、同じキリスト教宣教師のあいだで意見の衝突も見られた。

教育を含めた布教活動を維持するためには資金が必要なので、ヴァリニャーノをはじめ、宣教師らは貿易にも手を出さざるをえなくなり、そうした商売行為が「堕落」だと見なされたりもしたようである。

もちろん、宣教師たちの商売行為は、彼ら自身が裕福になるためになされたのではない。ザビエルにも、ヴァリニャーノにも、多くの宣教師に言えることだが、彼らくらいの知性とバイタリティがあれば、この世的な名声や快楽を手に入れることは容易だったはずだ。しかし、不思議なことに、彼らは自分の能力をそのようには用いず、宣教にすべてを捧げたのである。

第二章

戦争協力、人身売買、そして キリシタン迫害

天正遣欧使節

1　激変するキリスト教事情の背景

†四人の日本人少年、ローマに向かう

飛行機どころか、まだ自転車もなかった信長の時代のことである。

日本人の少年四名が、船に乗ってはるかヨーロッパに向けて出帆した。

歴史の教科書では「天正遣欧使節」ないしは「天正少年使節」と記されているもので、つまりはキリシタンの親善使節である。イエズス会の司祭や修道士らも同行していたが、まだ一三～一四歳の彼らにとっては、生きて日本に戻れるかわからない文字通りの大冒険であった。

この四名の少年キリシタンたちが長崎の港を出たのは、一五八二年のことである。マカオ、マラッカ、ゴアなどを経由し、アフリカの南端をぐるりとまわるルートでヨーロッパを目指した。当時の帆船による航海には季節風が必要だったので、それが吹き始めるまで経由地に長期間滞在せねばならないこともあった。

ザビエルが日本にやって来た時と同様に、激しい嵐、無風、日差し、水と食料の欠乏、病気、そして海賊に襲われる危険など、長期にわたる船旅は苦難の連続で、子供にはかなり過酷なも

のだったようである。一五八四年、一行はようやくリスボンに上陸した。そこで歓迎を受けた後、やがて陸路でマドリッドに向かい、地中海を渡った。

彼らは約三年もの長旅を経て、ようやくローマに到着した。教皇グレゴリウス一三世は、日本からやって来たこの少年たちを最高の待遇で迎えた。四人は現地の人々にも歓待され、大いに話題になった。

彼らは、東洋における宣教の成果としてローマ教皇の前に立ったと同時に、ヨーロッパの人々に日本という国を知らしめたのである。

東のはての島国からやって来た凜々しい少年たちを見た現地の人々の興奮はかなりのもので、史上初の「日本ブーム」が巻き起こったと言ってもいいようだ。ヨーロッパでは、この天正遣欧使節に関し、一五八五〜九三年のあいだだけでも九〇種を越える書物が刊行された。司祭や修道士たちのあいだでは、自分もぜひ日本へ行ってみたいという声があがった。

この天正遣欧使節を企画したのが、前章の最後に出てきたヴァリニャーノである。キリシタン大名が派遣するという形をとったが、実質的には彼が企画したのである。

ヴァリニャーノは信長とも友好的な関係を築き、日本のキリスト教に大きな影響を与え、教育に関する事柄をはじめさまざまなことをおこなったが、なかでも最もよく知られているのがこの少年親善使節を送るという仕事である。

その目的は、一つは王と教皇に対して日本への経済的および精神的な援助を求めることで、もう一つは日本人にじかにヨーロッパを見せて、キリスト教の栄光と偉大さを日本の人々に伝えさせることであった。

また同時に、はるか遠い東の島国からも拝謁者が来たことを示して教皇庁の威信をますます高め、プロテスタントに対抗してカトリック教会の力を知らしめる、という狙いもあったようである。

使節として選ばれた少年は、次の四名である。

まず、大友宗麟の名代として伊東マンショ。有馬晴信と大村純忠の名代として千々石《ちぢわ》ミゲル。この二人が「正使」とされた。さらに「副使」として、原マルティノと中浦ジュリアンの二名が選ばれた。彼らはいずれも、ヴァリニャーノがつくったセミナリオで学んでいた少年たちである。

†四人のその後

一五八二年に出帆した四人がようやく帰国を果たしたのは、一五九〇年である。約八年五カ月にわたる大旅行であった。

出発時は少年だった彼らは、すっかりたくましい大人になっていた。長崎の人々も、彼らの帰還を熱烈に喜んだようだ。

使節が二人でも三人でもなく四人だったのは、一人や二人は途中で死んで帰ってこられないと考えられたからでもあったようだが、奇跡的に四人ともそろって無事に日本に帰ってくることができた。

ところが、彼らが帰国した時の日本は、出発時とは状況が大きく変わっていた。というのも、四人が出発して半年も経たないうちに「本能寺の変」が起き、信長は死んでしまっていたからである。

キリシタン大名の大村純忠や大友宗麟も死んでおり、天下人となった秀吉はすでに「伴天連《バテレン》追放令」を出していて、京都と大坂の南蛮寺も破壊されていた。日本におけるキリスト教事情はすっかり変化していたのである。

天正遣欧使節が帰国して秀吉と謁見したのは、伴天連追放令が出されてから約三年後にあたるのだが、秀吉はこのものすごい経験をした若者たちをたいそう気に入り、そばで働かせようとした。

四人はすでにイエズス会への入会を決めており、司祭になろうとしていたので、秀吉との謁見では本心は言わずに慎重に言葉を選ばねばならなかったが、最終的にはみな仕官をうまく断って勉学を続けることになった。

それから時が過ぎ、伊東マンショ、原マルティノ、中浦ジュリアンの三人は、一六〇八年に司祭になることができた。だが、彼らをヨーロッパに送り出してくれた恩師にあたるヴァリニャーノは、残念ながらその二年前に死んでおり、三人が立派な司祭になった姿を見ることはできなかった。

千々石ミゲルは早い段階で、一六〇〇年頃にはイエズス会を離れ棄教したと伝えられている。ただし、その背景はやや曖昧で、実は信仰を持ち続けていたという説もあり、死んだ正確な時期も不明である。

伊東マンショは四三歳で長崎にて病死。司祭になってからわずか四年後のことであった。原マルティノは国外追放となってマカオで没した。

中浦ジュリアンは、一六三二年、禁教下に長崎に潜伏しているところを捕えられ、「穴吊り」という最も苦痛が激しいとされる拷問にかけられて死んだ。

†信長、秀吉とキリスト教

日本におけるキリスト教の絶頂期は、信長の時代、ちょうどこの天正遣欧使節の少年たちが長崎を出帆した頃だったと考えてもよさそうだ。

秀吉は晩年に大規模なキリシタン迫害をし、多くを処刑している。それと比べると、信長は総じてキリスト教に理解があったように見える。信長はキリスト教を保護してくれたので、イエズス会の宣教師たちは彼にもキリスト教徒になってほしいと思っていたようだ。

ただし、信長が文字通りイエズス会を「厚遇」したのかといえば、どうやらそうとも言い切れない。彼はイエズス会に対し、自分の命令に従えば歓迎し保護するが、そうでなければ攻撃すると言ったとも伝えられている。信長とキリスト教との関係は、そう単純なものでもなかった。

ヴァリニャーノと同じイタリア出身で日本にも理解があった宣教師オルガンティーノによれば、信長は、自分はキリスト教も仏教も信じないと言い放ったこともあるようで、つまりは近代的合理主義者に近い男だった。

それに対して、秀吉は神仏への中世的な信仰をもっている人間だったので、オルガンティーノの目には、秀吉はいつかキリスト教に改宗してくれるかもしれないとも映ったようである。

†宣教師たちの戦争計画

秀吉は南蛮貿易を活発にするために宣教師の活動を認めていたが、やがて彼らを日本から追い出すことを決意する。それが「伴天連追放令」であるが、その背景を少し見ておきたい。

ザビエル以来、大勢の宣教師が日本にやってきた。すでに述べたように、最終的にはイエズス会士だけでも一五〇名にのぼったほどである。

当時の司祭というのは高等教育を受けた知識人でもあり、日本の政治・経済・軍事・文化などについて報告書を書いて送ることも仕事の一部だった。彼らはとにかく日本についてよく調べ、分析していたのである。

そんなイエズス会士のあいだでは、キリシタン大名に軍事援助をすることで教勢を維持・拡大しようとするのは普通の発想であった。日本人に差別意識をもっていたカブラルも、キリシタン大名たちが独力では周囲からの圧力に耐えられないと知り、彼らのために食糧・武器・弾薬を援助していた。

宣教師のなかには、一五八〇年から教会領になっていた長崎と茂木を要塞化して、ポルトガル・スペインの軍隊を呼び寄せ、そこを足がかりにして日本を制圧することを真面目に検討する者もいたのである。

伴天連追放令が出される二年前、一五八五年の段階でも、宣教師ガスパール・コエリョはフィリピンのイエズス会布教長アントニオ・セデーニョに、長崎防衛のための援助を要請し、兵隊・武器・弾薬・食糧などを求めている。

その後、伴天連追放令が出されると、コエリョは今度は秀吉に対抗するためにキリシタン大名に武力による抵抗を呼びかけ、彼らに資金のみならず武器・弾薬を提供することまで申し出たのであった。

日本を軍事的に征服してしまうことは現実的ではなかったようだが、イエズス会としては、日本を征服してしまえば一気にキリスト教化することができ、そこを前線基地として中国布教も容易になると考えていたのである。

当時、武力によって教会や宣教活動を守ろうと主張した宣教師は、一人や二人ではなかったのだ。現在の「平和主義者」を自称されるキリスト教徒の方々はあまり聞きたくない話かもしれないが、当時はそういう主張もありうる時代だったのである。

†武力行使のすすめ

明《みん》国を武力で征服することについても、イエズス会宣教師たちが積極的に提案していたという証拠がいくつもある。

高瀬弘一郎の『キリシタン時代の研究』によれば、マニラ司教ドミンゴ・デ・サラサールは、明国が布教を妨害しているとして、一五八三年にスペイン国王に「野蛮人」を殺すための軍隊派遣を要請している。

その際、サラサールは、トマス・アクィナスの正戦論まで引き合いに出しながら武力行使の提案を正当化していたのである。

トマスというのは『神学大全』で有名な一三世紀の神学者で、戦争の正当性に関する議論をまとめたことでも知られている。今現在も、キリスト教における正戦論は彼の議論の延長上でなされている。

サラサールとほぼ同時期に、別の司祭も、明国の人々を改宗させるのは無理だからメキシコやペルーのように征服すべきだと主張する書簡を残している。武力行使を勧める宣教師は少しも珍しくなかった。

カブラルも、スペイン国王に宛てた一五八四年の書簡で、明国を征服することによって得られるメリットとして、①キリスト教信仰を広められること、②全世界に国王の名声が高揚されること、③貿易によって財産を増やせること、などを挙げている。

その際、カブラルは、その征服事業をおこなうにあたっては、必要であれば日本にいるイエズス会宣教師たちが二〇〇〇～三〇〇〇人の日本人キリスト教徒を兵士として動員するだろう、とも述べているのである。

おまけにカブラルは、日本人は何度も戦争をしているので陸、海の戦闘において大変勇敢であり、安い給料で嬉々として陛下にご奉公するだろう、などと勝手なことまで付け加えている（高瀬、前掲書、九五頁）。

†宣教と戦争は矛盾しない?

日本人に温かな理解を示したヴァリニャーノは、差別主義的なカブラルを批判したり、教育機関を作ったり、天正遣欧使節を企画したりしたので、何となく穏健で平和主義的なイメージがあるかもしれない。

しかし、そんな彼も、宣教における軍事的オプションと全く無縁ではなかった。

ヴァリニャーノも他の宣教師たちと同様、明国の武力征服は布教事業においても物質的利益の面においても、ともに有効だと認めていた。彼も、軍事的介入を無条件に否定するほどの非暴力主義者・平和主義者ではなかったのである。

日本の武力征服についてヴァリニャーノは反対したが、それは日本の軍事力を鑑みると成功の見込みがなく、物質的利益も乏しいから反対したのであって、条件さえ整えば布教のための手段としてそれを認めたのではないかと考える研究者もいる。

現にヴァリニャーノは、一五八〇年に龍造寺氏の侵攻にあって窮境に陥った有馬氏に、多量の食糧・武器・弾薬を提供している。また、長崎・茂木に武器弾薬を集めて防備を固めるようコエリョに指示を与えたこともあった。

ただし、後に日本の国内情勢の変化によってヴァリニャーノの考え方は変化し、武力行使や武器の援助などは認めないようになっていった。

一五九九年、イエズス会司祭ペドロ・デ・ラ・クルスは、イエズス会総長宛ての長い書簡で、日本での布教を成功させるには積極的に軍事力を行使すべきであると論じている。

この長文の書簡を分析した高瀬弘一郎は、前掲書で「在日宣教師が日本に外国軍隊を導入することを主張した記録の中でも、これほど露骨な軍事計画を述べたものは外に例がない」（一五七頁）としている。

このクルスは、天正遣欧使節の帰国とともに来日し、長崎のコレジオで神学を教授した人物である。そんな彼でさえ、布教のための武力行使には肯定的だったのである。

†宣教師と軍事に対する感覚

スティーブン・ピンカーが『暴力の人類史』で論じたように、人間の「暴力」に対する感覚や姿勢は時代によって大きく異なる。

二一世紀現在の私たちと、一六世紀のイエズス会士とでは、暴力や軍事に対するそもそもの感覚に差異があることは明らかだ。

ザビエルもヴァリニャーノも貴族出身で、騎士道的な教育を受けていた。だからこそ、彼らははるばる日本にやってきて、海千山千の武将と相対しても、堂々としていることができたのではないだろうか。彼らは武士というものに対して、本能的にはシンパシーさえ感じていたかもしれない。

イエズス会設立の中心人物イグナチオ・デ・ロヨラからして、敵からも一目置かれるほど勇猛果敢に戦って足に大怪我を負った元軍人である。騎士道的な精神をその特徴としたイエズス会の厳しさは、しばしば「軍隊のよう」だとも表現される。

『完訳 フロイス 日本史』(松田毅一、川崎桃太訳、全一二巻)や『ヨーロッパ文化と日本文化』(岡田章雄訳)を書いた宣教師ルイス・フロイスも、日本人が使っていた武器や武士の戦い方についてかなり詳しく観察し、西洋のそれと比較している。彼が軍事に関心があったのは明らかである。

彼もまた、秀吉の暴力に対抗するにはいざとなればスペイン・ポルトガルの武力に頼るべきだ、という考えを持っていたのである。

そういえば、ザビエルが生まれた頃の教皇は、ユリウス二世である。

ユリウス二世は、ミケランジェロなどルネサンスの芸術家を支援したことでも知られるが、同時にマキアヴェッリの『君主論』にも名前が出てくる人物で、彼は鎧の上に祭服を着て自ら戦争を指揮してもいる。そのため、彼は「軍人教皇」と呼ばれることもあるが、教皇である以上、全カトリック教会の頂点に立つ「キリストの代理人」でもあった。

現代の感覚からすれば、教皇が自ら兵士たちの先頭に立って戦いを鼓舞するなど考えられない話だが、当時はそういう時代だったのである。

そのような時代の雰囲気を考えると、戦国時代や安土桃山時代の日本で必死に宣教をしていた司祭たちが、目的のためには武力行使や戦争協力を辞さなかったとしても、当時としてはさほどおかしくはなかったのかもしれないとも思われる。

ちなみに、中国の古典的戦争論として有名な『孫子』という書物があるが、それを初めて西洋語に翻訳したのも、実はイエズス会の宣教師である。北京で長いこと暮らしていたイエズス会士のジャン・ジョセフ・マリー・アミオが、一七七二年にその兵法書をフランス語に訳したことによって、ヨーロッパ世界に広く知られるようになった。

†キリシタン大名の戦いを支えた宣教師

医療を通じて日本宣教に献身したルイス・デ・アルメイダという人物がいる。

アルメイダは、ザビエルが来日した三年後、すなわち一五五二年に長崎にやってきた当時二七歳のポルトガル人である。アルメイダは医師でありながら貿易で成功し、若くして大金持ちになっていた。

だが彼は、何を思ったのか、一五五五年に再来日して以降は日本に住みつき、イエズス会に入会した。彼は全財産を擲《なげう》って宣教を支援し、自ら貧者や病人の救済に献身したのである。

アルメイダは日本に宣教師が来られるように船を買ったり、さらに病院や孤児院を建てたりするなど、実に大きな働きをした。医師として診察や外科手術もおこなった彼が建てた病院には、日本初のハンセン病患者のための病棟もあった。

アルメイダの活動は日本における西洋外科医学の先駆となった。彼が初めて日本人に西洋医学を伝えたわけではないが、日本人に対する体系立った医学教育は彼が初めておこなったとされている。

だが、医師として人の命を救っていたアルメイダも、軍事と関わりをもっていた。

東野《とうの》利夫の『南蛮医アルメイダ――戦国日本を生きぬいたポルトガル人』によれば、一五六九年にキリシタン大名の大友宗麟が毛利元就と一大決戦をしようとしていた際、アルメイダは宗麟出陣中の宗麟のもとに駆けつけるなどして彼を支援した。それ以前からも、アルメイダは宗麟のために武器弾薬調達の仲介をするなど、水面下で戦争を支えていたのである。

また、後に宗麟はフランキ砲という日本で最初の大砲(「国崩し」と名付けられた)を入手するのだが、それもイエズス会の駐マカオ司教の仲介によるものであった。武器の入手には、しばしば宣教師がからんでいる。

イエズス会宣教師たちが武器の調達に協力的だったのは、キリスト教を保護する大名が勢力を維持・拡大することはすなわちキリスト教の維持・拡大を意味したからである。彼らの頭のなかでは、宣教と戦争協力はゆるやかにつながっており、矛盾する全く別のものとは考えられなかったのである。

カブラルは、一五七八年の「耳川の戦い」の時に大友宗麟の軍隊に従軍司祭として同行し、日向に出向いてもいる。したがって、日本における「従軍チャプレン」(軍隊に専属の聖職者)の歴史は、戦国時代までさかのぼれるとも言えるだろう。

キリシタン大名の大村純忠は、何十という寺や神社を破壊し、その領地で蜂起したキリシタンたちも僧侶たちを迫害し、殺害している。二〇一七年に列福《れつぷく》されて「福者《ふくしゃ》」となった高山右近も、もちろん戦に出かけている。

キリシタンたちは戦いの際に、旗や服に十字の印をつけ、聖遺物を携帯し、神父に告解し、聖体を拝領してから出陣した。キリスト教信仰があるからといって、全ての宣教師やキリシタンが素朴な絶対平和主義者・非暴力主義者だったわけではない。

†日本が「侵略」される可能性はあったのか

このように、宣教師やキリシタンが軍事に関わっていたのは明らかであるが、では実際のところ、当時の日本はキリスト教国によって「侵略」される可能性があったのだろうか。

若桑《わかくわ》みどりは『クアトロ・ラガッツィ――天正少年使節と世界帝国』で、先行研究を踏まえながら、一六～一七世紀のスペインとポルトガルは日本を侵略しなかったというより、出来なかったのだと繰り返し述べている。

彼女によると、それらの国は財政的に破綻しており、はるばる遠くまで侵略のための艦隊を送る余裕などなかったし、そもそも日本のように土地が狭く資源が乏しい国に植民するメリットもなかったというのである（集英社文庫版、上巻、二二三頁、下巻、三九〇頁など）。

歴史学者の高橋裕史《ひろふみ》も『イエズス会の世界戦略』で、イエズス会が日本に本格的な軍事力の行使を検討しはじめたころ、すでにポルトガルは国力を失ってスペインに併合されていたため、日本のイエズス会による軍事計画の実現性はほぼ皆無で「文字通り〝絵に描いた餅〟」に過ぎなかったと述べている（二四五頁）。

高橋は『武器・十字架と戦国日本――イエズス会宣教師と「対日武力征服計画」の真相』でも、当時の東インド領内での軍事力、ポルトガルの経済状況、航海環境、兵士への給金支払い問題など鑑みると、日本がポルトガル＝イエズス会に征服されなかったのは、「偶然」ではなく「必然」だったとしている（二四四頁）。

†戦争は「文化の発露」である

だが当時は、スペイン・ポルトガルの軍事力と日本人キリシタンの軍事力は、完全に別のものではなく、密接であるとまでは言えなくても、状況によっては接続しうるものとして捉えられていたのではないだろうか。

現に、当時日本にいた宣教師の多くは武力行使を認めていたし、特定の大名を支えるために武器弾薬調達の仲介などもおこない、戦争協力をしていた。カブラルのように、明国を征服するにあたっては日本のキリシタンを兵士として動員しようと公言する者もいた。実際に可能かどうかはともかく、ヨーロッパの軍隊投入を望む者さえいた。こうしたことは、決して軽く見ることはできない。

少なくとも、日本の側が宣教師やキリシタンに警戒感を抱いたこと自体が誤解だったとか過剰反応だったのかといえば、決してそういうわけではないと思われる。

高瀬弘一郎が『キリシタンの世紀――ザビエル渡日から「鎖国」まで』で述べているように、「宣教師がキリシタン大名に対して軍事的てこ入れをしたことと、彼らが日本をカトリック国にすることを夢見て、ポルトガルやスペインの武力による日本征服を企図したこととの間には、本質的な差異はない」(九六頁)のである。

日本からすれば、スペイン・ポルトガルが「侵略」してこないかという不安がありえたが、彼らからすれば、日本で窮地に立たされているキリスト教徒を「防衛」する必要があると感じていたであろう。

一般に、人や社会はゼロをプラスにするためにはあまり無茶なことはしないが、マイナスをゼロにするためと認識すれば、思い切った行動をとることがある。欲望に基づく「侵略」よりも、善意や正義感に基づく「防衛」の方が凶暴なのだ。「侵略」しようとして侵略がなされることは人類史的にはむしろ稀で、「防衛」としてなされた軍事行動が、相手には「侵略」と認識されることの方が多い。つまりこれらの概念は、著しく主観的なものだと言ってもよい。

また、現在の私たちは「戦争」を政治の延長、ないしはその手段として認識する傾向が強いが、それはクラウゼヴィッツ以降の新しい戦争観に過ぎない。

戦史家ジョン・キーガンの言うとおり、「戦争」は「政治」よりもはるかに広い領域を含んでいる。「戦争とはつねに文化の発露であり、またしばしば文化形態の決定要因、さらにはある種の社会では文化そのもの」なのである（遠藤利国訳『戦略の歴史――抹殺・征服技術の変遷　石器時代からサダム・フセインまで』一二三頁）。

2 キリシタンと「人界の地獄」

†伴天連を追放せよ

いわゆる「伴天連追放令」は、やや唐突に出されたようにも見える。

まず、「覚」と題された一一箇条からなる朱印状が一五八七年の六月一八日付で書かれた。そこでは、キリスト教信仰をもつことは自由であるが、人々に強制はすべきでないということや、大きな領土をもつ大名が入信するにあたっては秀吉の許可が必要であることなどが書かれている。

他にも、牛馬を食べることはやめよとか、日本人を奴隷として売ることはやめよ、といった条文も入っているが、キリスト教自体については、その信仰も宣教活動も容認した内容となっていたのである。

その翌日、一九日付けで「定」と題された法令が出された。一般に「伴天連追放令」という場合はこちらを指している。「定」の分量は、前日に出された「覚」の約半分の全五箇条となっているが、キリスト教に対する姿勢は大きく違っている。

この伴天連追放令は、日本を「神国」であるとする文言から始まっており、キリスト教を「邪法」だとし、キリシタンたちによる神社仏閣の破壊を強く非難している。そして、商取引のための来航は認めるものの、宣教師には二〇日以内に退去することを命じるものになっていたのである。

これは、まだいわゆる禁教ではないが、キリスト教に対する初めての国家的規制だった。

†宣教にはお金が必要

だが、実際のところ、秀吉によるこの伴天連追放令の効果は限定的なものだった。というのも、伴天連追放令では商取引のための来航は認められていたわけだが、宣教師たち自身が貿易に深く関与していたからである。

宣教における単純だが最も重要な現実は、お金が必要という点だ。キリスト教会もそれ自体はこの世の組織である以上、資金の調達は常に最重要課題であった。

当時はスペイン・ポルトガル王が宣教費用を負担する義務を負っていたが、送金は会計事務の遅延や船の難破・盗難などでしばしば滞っていた。日本で布教する宣教師たちは慢性的に財政難に苦しんでいたようである。キリスト教は世界中に広まりはじめていたが、地球規模の教区を維持するには莫大な費用がかかる。信者が増え、神父も増え、さらに貧民の救済や医療もおこなえば、出費は増える一方である。

そうした窮境を見かねて、財産をもっていた商人のなかには私財を寄進する例もあった。その代表的人物が、先ほど挙げたアルメイダである。

慈善活動は宣教の手段としても重要なものであったが、マカオから薬品を取り寄せたり、病院を経営したり、日本人医師を育成したりするには、当然ながら多くのお金がかかった。そこでアルメイダは、自分の財産を提供したのみならず、持ち前の鋭い才覚を活かし貿易をして資金をつくり、そのほとんどを日本のために用いたのである。

その他のイエズス会宣教師たちも、長崎－マカオ間の貿易に参加して利益をあげ、また日本とポルトガルとの間の生糸取引の仲介役などもしていた。

当時の中国には税を銀で納入する制度があり、銀の需要があったので、宣教師たちは日本人から銀の委託を受けてそれを中国で金に交換するなどもした。もちろん銀は金以外にもさまざまな商品と交換され、それらは日本で転売されて利益を生むことになった。宣教師たちは、そうした貿易の仲介斡旋業のようなこともしていたのである。

そのような商業活動は、やがてフィリピンやカンボジアなども対象になり、絹織物、綿織物、香料、陶器、砂糖、薬品など、取引される品物もさまざまなものに広がっていった。

イエズス会は、ポルトガルの商船を特定の港に着岸するよう求めることができたので、宣教師たちはその初期から商船の到着地を操作することで特定の大名に利益がでるようにし、その代りに宣教活動を認めさせる、という巧みな戦略をとっていたのである。

日本では最初期から「宣教」と「貿易」は切り離せない関係にあったのだ。

†迫害の始まり

このようなわけで、「伴天連追放令」が出されても、貿易そのものが許されている限り、宣教師を完全に追放することは困難であった。

イエズス会は貿易継続のためとして、最終的には宣教師一〇名の長崎滞在を認めさせるなど、伴天連追放令を少しずつ骨抜きにすることを試み、その後も多くの宣教師を国内に潜伏させて、慎重に布教活動を続けた。

ところが、伴天連追放令から約一〇年後、サン・フェリペ号事件が起きる。これによって、秀吉の政策は明確に禁教へと舵を切ることになる。

事の発端は、一五九六年、スペイン船サン・フェリペ号が暴風雨で土佐沖に漂着したことであった。

土佐領主は当時の慣習法に従ってその船の積荷を没収したのだが、その際に船員の一人が、カトリック教会が宣教師を派遣するのは日本侵略に向けての住民教化のためであり、後に軍隊を派遣して植民地化するのだ、という主旨のことを述べた。それを伝え聞いた秀吉は激怒して、禁教政策を強めることを決めたとされている。

翌一五九七年、公然と布教していたフランシスコ会の宣教師を含む日本人信徒ら計二四名が捕らえられ、左の耳を切り落とされた。そして彼らは京都や大坂を引き廻されたのち、約一カ月をかけてはるばる長崎まで護送された。途中でさらに二名が逮捕され、計二六名が十字架刑に処せられた。

これが、「二六聖人の殉教」と呼ばれているもので、日本でキリスト教信仰をもっていることを理由になされた大量処刑として最初のものである。

秀吉が死んだのは、その翌年のことであった。

ちなみに、この「二六聖人」の一人、フランシスコ会の宣教師、マルティン・デ・ラ・アセンシオンは、対日武力征服論を唱えていた人物でもあったようだ。

高橋裕史の前出『武器・十字架と戦国日本――イエズス会宣教師と「対日武力征服計画」の真相』によれば、アセンシオンは、来日直後の一五九六年に、「国王陛下が日本のキリスト教界のために救済せねばならない諸問題に関する報告書」を書き、そのなかで、露骨な「武力征服論」を述べているという（一九三〜二〇一頁）。

アセンシオンは、スペインが日本に進出するのは当然の権利であり、正当な行為であると主張した。スペイン国王は日本のキリスト教徒たちを「救済」「防御」するために、長崎や平戸に要塞を設け、武装艦隊を配備するべきだと説いていたのである。

キリスト教徒を迫害する日本人は、アセンシオンからすれば、武力で倒すべき「野蛮人」に他ならなかった。

ところが、先に彼自身が殺されてしまい、カトリック教会によって「聖人」とされて、信徒から崇敬される存在になって現在にいたっている。

†神社仏閣を破壊したキリシタンと宣教師たち

伴天連追放令の背景として、軍事的問題の他にもう一つ決して無視することができないものがある。それは、キリシタンや宣教師に、日本の既存の伝統や宗教を否定・排除する傾向があったことである。

キリシタンたちは、仏教の寺に火をつけ、仏像を破壊し、経典を俵詰めにして焼却するなどした。僧侶には強引に改宗を求め、従わない者は追い出し、殺害することもあった。その背後には宣教師たちの指示もあったのである。

そのような行動に対して、秀吉の側が強い不快感を抱いたのも無理はない。

寺社仏閣の破壊については、宣教師たち自身によっても証言されている。例えば、有名なフロイスの『日本史』には次のようなエピソードが書かれている。

ある日、宣教師コエリョのもとに一人のキリシタンがやってきた。彼は自分がこれまで犯した罪の償いをしたいのだが、どうすればいいかと尋ねたのである。

するとコエリョは、どこかの寺院に火をつけて焼けと言ったので、そのキリシタンは帰宅の途中でさっそく寺に放火して全焼させ、立ち去ったというのである（『完訳 フロイス 日本史 一〇』二二三頁）。

フロイスの『日本史』には不正確な記述もあるとはいわれているが、イエズス会の神父がわざわざ実在の人物の名を挙げてこのような話をゼロから創作するとは考えにくい。

現にフロイス自身も、他の司祭や日本人キリシタンとともに、僧侶たちが小島の洞窟に隠した大量の仏像を見つけ出して、それらをことごとく焼いてしまったことを詳しく書き残している（二〇八〜二〇九頁）。

高山右近も寺社の破壊に関わったことが、内外の資料によって伝えられている。大村藩の記録『大村郷村記』にも、キリシタン大名大村純忠によってすさまじい寺社仏閣の破壊がなされたことが記されているなど、こうした例や記録は枚挙にいとまがない。

しばしば、日本のキリスト教徒たちは、昔のキリシタンが受けた迫害や苦難の歴史ばかりを強調する。確かにそれも事実ではあるのだが、では、キリシタンの側は最初からずっと日本の他宗教に寛容で、それらとの平和的共存を試みてきたのかというと、決してそんなことはないのである。

†日本人奴隷が売買されていた

伴天連追放令の背景としてさらにもう一つ言及すべきなのは、当時ポルトガル人が女性や子供を含む日本人を奴隷として売買していたという問題である。秀吉にはそれも許せなかったのである。

男性はポルトガルが占拠する東インド、マラッカ、マカオなどで忠実な兵士としても酷使され、女性の奴隷もかなり悲惨な目にあっていた。なかには、はるばるポルトガルまで連れて行かれた日本人奴隷もいた。先に触れた天正遣欧使節の少年たちも、旅の途中で多くの日本人奴隷を目撃し、それに驚いて複雑な感情を抱いたようである。

広い意味での「奴隷」は世界中で大昔から見られるものであり、日本の戦国時代・安土桃山時代も例外ではなかった。特に戦場で、食糧や物品のみならず人をも強奪することは「乱取り」と呼ばれ、当然のようになされていたのである。

当時の日本国内で売り買いされた人々は、戦争捕虜が最も多かったようだが、他にも誘拐、あるいは飢饉による口減らしなど、その背景はさまざまであった。国内でさらわれ、あるいは売られた人々は、さらにポルトガル人に買い取られ、家畜のように船につめこまれて海外に運ばれていった。

日本の南蛮貿易は、その初期から「人間」も主力商品だったのである。

†「奴隷」という言葉は少し曖昧

ただし、「奴隷」という言葉の定義は少々曖昧なようでもある。

一六世紀末に海を渡った日本人はかなりの数にのぼっており、船員や商人のみならず、傭兵・下級労働者・召使いなどもいた。「傭兵」は「奴隷のような」兵士であり、女性は「奴隷のような」召使い、あるいは「奴隷のような」性的対象だった。

ルシオ・デ・ソウザと岡美穂子の『大航海時代の日本人奴隷――アジア・新大陸・ヨーロッパ』によれば、当時のポルトガル語には「奴隷」(英語のslave) に対応するescravoという単語以外にも「奴隷的形態の属性を表す言葉」があったとして、九つが挙げられている。

それらのなかには、奴隷である場合と、単なる召使い・奉公人・従僕である場合の両方の意味をもつ言葉もある。「奴隷のような立場」だからといって、彼らの全てが文字通り「奴隷」と呼ばれていたとは限らないわけである。

例えば、第一章の最後で、ヴァリニャーノは黒人の「従者」を連れており、信長が彼を気に入って最後までそばにおいたという話を紹介した。モザンビーク出身のその黒人（弥助《やすけ》と呼ばれた）は、しばしば「奴隷」だったとも解説される。つまり宣教師が黒人奴隷を連れて来日し、それを権力者に献上したというわけである。

だが、その「黒人奴隷」は、文献では「奴隷」ではなく「カフル人」（cafre）という語で示されており、その語が当時はすなわちポルトガル人の従僕であることを意味していた。フロイスの『日本史』でも「カフル人」が戦場で日本人に混じって一緒に戦っていたことが記されている。

だとすると、「従僕」や「傭兵」と「奴隷」との境界線はいったいどこにあったのか、どうもはっきりしないようにも思えてくる。

すでに述べたように、戦国時代に奴隷として売買された日本人は、戦争捕虜が多かったが、誘拐された子供や、親に売られた子供も少なくなかった。

ソウザと岡によれば、そうした場合も、しばしば日本人側の理解としては、「奴隷」として売ったというよりは「年季奉公」のような感覚であった可能性もあるという。

また、当時のポルトガル商人にとっては、特に子供の奴隷を所有することは周囲に富と慈愛をアピールすることでもあった。彼らは必ずしも「奴隷」を家畜のようにムチを打ってこき使ったり虐待したりするのではなく、なかには養子として養育し、教育を与えるケースもあった。

さらに興味深いのは、アフリカ人奴隷、あるいは傭兵の多くは給与を受け取っており、一五九八年の記録によると、なんとアフリカ人奴隷が自分のために長崎で日本人奴隷を買ったという例があるというのである(ソウザ・岡、前掲書、八六~八七頁)。

こうしたさまざまなケースも鑑みると、今の私たちがもっている一般的な「奴隷」のイメージについては再考することも必要になりそうだ。

だが、この時代に人間が売買されていたこと自体は事実なので、さしあたりは「奴隷」というインパクトの強い言葉自体にはあまり惑わされないようにし、とにかく「人身売買」があったと考えておけばいいかもしれない。

†人身売買を禁じた秀吉

一五八七年に伴天連追放令が出される前日の「覚」という一一箇条の文書のなかで、すでに秀吉は日本人を海外へ売ることを禁じていた。

秀吉は宣教師コエリョにも、お前たちはなぜ日本人を売買するのか、と直接詰問しており、また伴天連追放令の翌年にも人身売買の無効を宣言する朱印状を発している。

では、秀吉はなぜ日本人売買を阻止しようとしたのだろうか。

まずは、外国人が日本人を牛馬のごとく扱うことに対する素朴な憤りがあったと考えられる。

岡本良知は、『十六世紀日欧交通史の研究 改訂増補』で、秀吉の「奴隷」輸出問題に対する姿勢は彼の「民族的自負心」に基づいており、そのことはキリスト教と「奴隷」輸出とが深く関連すると見なされたこととつながっているのではないかと分析している（八四〇頁）。

一五九二年からの朝鮮出兵では、さかんに朝鮮人の人取り・人買いがなされ、秀吉もそのことを知っていた。朝鮮人捕虜は日本に連行され、日本人は彼らをポルトガル人に転売するなどして儲けていたことがイエズス会によっても報告されている。もし純粋な「人道主義」が人身売買禁止の動機であったならば、秀吉はそのような朝鮮人の売買も禁じたはずであろう。

また、「民族的自負心」以前に、戦場における「乱取り」で人が連れ去られ、さらにその人たちが海外に売られてしまうと、日本の田畑が荒廃して農村の復興が遅れてしまうという現実的な問題もあった。秀吉は、人口が変動し労働力が奪われてしまうという経済的な利害の観点から日本人売買を問題視したのではないか、と指摘されることもある。

もう一つは、政治的な意思表明の一環という見方である。

藤木久志は『新版 雑兵《ぞうひょう》たちの戦場――中世の傭兵と奴隷狩り』で、豊臣政権が人身売買停止を打ち出したことについて、「天下統一過程の終結、全国政権の確立を天下に宣明する意義が籠められていた、と見ることができる」（五七頁）と指摘している。

このように、日本人売買とその背景はかなり複雑なものではあるものの、それに対する秀吉の批判や禁止令に関しては、基本的には経済的・政治的な文脈からその理由を理解することができそうである。

ただし、秀吉が日本人売買をイエズス会が深く関わる問題として捉えていたことも確かである。それも決して根拠がないものではなかった。

†人身売買に関与していたイエズス会宣教師

イエズス会としては、ポルトガル商人たちによる人身売買は日本人のキリスト教に対する信頼を低下させてしまい、宣教の障害になるとして、基本的にはそれを禁止しようとしたと考えられている。

確かに教会は、いったん「奴隷」になった者たちを買い戻して保護し、解放する活動なども している。では、イエズス会は、そのように常に全面的に人身売買に批判的で、優しい愛の精神によって哀れな彼らを救おうとひたすら努力していたのかというと、現実はそれほど単純なものではなかったようだ。

ソウザと岡の前掲書によると、奴隷取引がなされる際には、意外なことに奴隷の「キリスト教化」の儀式が伴うこともあったという。ポルトガル人の奴隷となるにあたっては、洗礼を授ける必要があったのだ。

だとすると、洗礼を授けるのは通常は司祭であるから、当時のイエズス会宣教師は奴隷として売買される日本人がいるということを知らないわけがなかったということになる。「つまりイエズス会の宣教師は、奴隷として売買される人々の存在を知っていたし、その取引が正当化されるプロセスに関与していたと言わねばならない」（ソウザ・岡、前掲書、一七四頁）のである。

†宣教師による「進物」の強制

また、次のようなひどい話もあったようだ。

イエズス会士、フランシスコ・ピレスが一六一二年に書いた書簡によると、天正遣欧使節にも同行した司祭ディオゴ・デ・メスキータは、ゴアのインド副王との間で生じたトラブルを解決するために、宣教師ジョアン・ロドリゲス・ツヅを通じて、キリシタン大名の有馬晴信に日本の少年少女を「進物《しんもつ》」として差し出すよう命じた、というのである（岸野久訳、高瀬弘一郎訳注『大航海時代叢書（第Ⅱ期）七　イエズス会と日本　二』五五〜五六頁）。

晴信はそれを受けて家臣たちから子供をとりあげたのだが、そのうちの一人の少年の母親が、夫はすでに死んでおり他に子供がいなかったので、長崎まで追ってきて息子を返してくれと求めたところ、彼女は有馬氏の役人に殺害されてしまったのである。

こうして有馬の地では、宣教師たちが息子や娘を奪ったという話が広まり、人々は子供たちを連れて隠れたり、異教徒たちに預けたり、あわてて結婚させたりした。晴信の家臣たちも、彼に倣って家来たちから何人かの子供を奪い、欲しいという者に売ったり与えたりした。

そんなことがあったので、ピレスは「有馬の地の他の人々は意気喪失し、今までのところ教えの道に入ってこない」と述べている（五六頁）。現代では考えられないような話だが、これは同じイエズス会士による証言である。

かつてのイエズス会宣教師のなかには、奴隷商人と馴れ合っていたというより、もはや人身売買に加担したような者もいたことになる。すべてのイエズス会宣教師がそうだったわけではないが、少なくともそうした例はあったのだ。

日本で人身売買が絶たれるようになったのは、一五九八年に日本司教ルイス・デ・セルケイラが来日し、すでに二年前に出されていた人身売買をする者に対する破門令を再確認してからだとされている。わざわざ教会法で定めたということは、信徒のなかにそういう者がいたことを逆に証明している。

宣教師たちは、口では崇高なことを説いていたが、同じキリスト教徒であるはずのポルトガル商人たちは堂々と人身売買をしていた。彼らは買い取った日本人女性たちを性的対象として扱うなど、悪びれることなく乱れた行為をおこなっていた。

そんな連中をじかに見ていれば、日本人が屈辱を覚え、彼らに反感を抱き、キリスト教そのものを信用しなくなるのは当たり前だったかもしれない。

†刀狩りと大仏造り

ところで、秀吉といえば「刀狩り」が有名だが、それが始められたのは、この「伴天連追放令」の翌年、一五八八年からである。二つはほぼ連続して発令された形になる。

藤木久志の『刀狩り――武器を封印した民衆』によれば、秀吉の「刀狩り」はあくまでも百姓の帯刀権や村の武装権を制限して身分を定めることが狙いであって、実際には多くの武器が留保されていた。民衆が根こそぎ武装解除させられ丸腰になったというイメージは「虚像」に過ぎないという。

刀狩りによって人々は士と農に分けられたので、刀を取り上げられる側にしてみれば、耐え難いのは身分の誇りを奪われることだった。問題は武装の有無ではなく「名誉」「尊厳」だったとも言えるので、刀を取り上げるという政策が非常に難しいということは最初からわかっていた。

そこで、秀吉が考え出した秘策が、宗教の利用であった。すなわち「集めた刀でもって大仏を造る」(大仏殿の釘やかすがいに使う)と宣伝し、「仏のため」に刀剣を差し出せ、と説得するという方法をとったのである。

藤木は「刀狩りを正当化する論理は、この世では自力と武器の惨禍から救われ、あの世でも仏の縁に救われるという、絶妙な二重の説得の組み合わせによって成り立っていた」(四八頁)と解説している。

こうした刀狩りとその背景については、当時日本にいたイエズス会司祭たちもほぼ正確に把握していた。刀狩り令が出された年のイエズス会年報は、庶民からの刀の没収は大仏造りと関係していることを指摘したうえで、秀吉は宗教を隠れ蓑に用いた、とレポートしている。

藤木によれば、一二四二年に北条泰時が鎌倉の治安を守るために太刀や腰刀の没収を試みた際にも、没収した刀剣は仏像造りのために寄進する、という方便が用いられた。さらにそれ以前にも、仏像を造るために人々が自分の腰刀を差し出した例はあったらしい。

一六世紀後半、秀吉も同じように「仏像を造るため」という名目を用いて刀狩りをしたわけだが、彼のその命令が「伴天連追放令」の発動と連続するように出されたというのも、こうしてみると単なる偶然ではなかったようにも思えてくる。

†日本をキリスト教化させる狙い

一六〇〇年、関ヶ原の戦いで徳川家康が勝利をおさめ、その三年後に江戸幕府が誕生する。

家康は、秀吉の伴天連追放令を撤回することはなかったものの、当初は貿易による利益を得るために、キリスト教とその布教活動には寛容な態度をとっていた。

また家康は、当時日本のキリスト教界で頂点に立っていた司教セルケイラや、イエズス会、フランシスコ会、ドミニコ会それぞれの上長らとも会うなどしたので、一部の宣教師たちのあいだでは、日本は伴天連追放令以前の状態に戻りつつあるとも考えられていたようである。

当時の日本は、秀吉の朝鮮出兵によって、ヨーロッパからは軍事大国と見なされていた。「帝国」である日本を軍事力によって征服することは困難だと考えられるようになっていたが、家康の時代になっても、スペイン人のなかには何とか日本で布教権を獲得し、日本をキリスト教化することでスペイン王国の支配下に入れようと考える者がいた。

フィリピンの臨時総督ロドリゴ・デ・ビベロは、家康に対して貿易を条件に布教権を得ようと巧みな交渉をした。平川新《あらた》の『戦国日本と大航海時代――秀吉・家康・政宗の外交戦略』によれば、その交渉のあとを引き継いだセバスティアン・ビスカイノの記録などからも、布教を糸口にした日本征服の企みが赤裸々に書かれているという(八頁、一三八〜一四〇頁)。

彼らは、日本のキリスト教化が進めばキリシタン大名やその下のキリシタンたちによって徳川将軍が排斥されて、スペイン国王が日本の国王に推戴されるとさえ考えていたようである。

†本格的にキリスト教が禁じられる

しばらくのあいだ、宣教師たちは日本での布教活動について楽観的だったようだ。しかし、そんな期間も長くは続かなかった。

貿易をめぐる長崎奉行とマカオのカピタン・モール（司令官）との対立があり、また国内ではイエズス会と他の修道会との縄張り争いもあるなど、ただでさえ複雑な状況下において、キリシタンであった有馬晴信と岡本大八《だいはち》の贈収賄事件（岡本大八事件）が発生したのである。

家康はスペイン人やポルトガル人、そしてキリシタンと宣教師に対して不信感をつのらせていき、ついに一六一二年、江戸、駿府《すんぷ》、京都の天領（直轄地）に禁教令を出し、キリスト教に対して厳しい姿勢をとるようになった。そして、その二年後、一六一四年には全国を対象とした禁教令を出すにいたったのである。

秀吉の時と違って完全な「禁教」にすることができたのは、カトリックであるスペイン・ポルトガルに対し、プロテスタントのオランダ・イギリスとのあいだで宣教を伴わない貿易が可能になったからでもある。

当時もなお、イエズス会だけでも六八名もの外国人宣教師が日本にいた。この時点での日本人キリシタンの数は、五野井隆史によれば、およそ三七万人と推定されている（『日本キリスト教史』二〇六頁)。

一六一四年に出された「伴天連追放文」は、臨済宗の僧侶、以心崇伝《いしんすうでん》によって一晩で起草されたもので、そこではキリスト教は「邪法」だと断定され、バテレンの徒党も「神敵仏敵」と見なされた。キリスト教は誤った教えを広めることで日本の政治と治安を乱し、やがては侵略するための手段だという認識が定着させられていったのである。

実際には、反幕勢力とキリシタン勢力との結びつきを幕府が警戒したのもこの政策の大きな理由として考えられるようだ。また、宣教師の日本入国を阻止することで、大名たちの外国貿易を統制することも意図されていたとされる。

とにかくこうして、以後約二六〇年間にわたる本格的なキリスト教弾圧が始まることになった。

†不干斎ハビアンによるキリスト教批判

キリスト教を攻撃する文書や書物は「排耶書《はいやしょ》」と呼ばれ、この時代には僧侶らによってさまざまなものが書かれた。

なかでも興味深いのは、不干斎《ふかんさい》ハビアンによるものである。

ハビアンは加賀出身の禅僧で、一五八三年にキリシタンとなった。一五八六年にはイエズス会の修道士になり、大坂のセミナリオでラテン語、日本語、そして音楽や美術も学んだ。

彼は一六〇五年に、妙秀と幽貞という尼僧が対話する形式でキリスト教がいかに理にかなっているかを論じた『妙貞問答《みょうていもんどう》』を書いた。それはキリスト教護教論であるが、仏教・神道・儒教・道教・キリスト教という複数の宗教を比較しているという点では世界で初めてのものである。

ところが、そのハビアンは一六〇八年頃にキリスト教を棄て、女性の修道誓願者と行方をくらましてしまった。そして、一六二〇年、今度は一転してキリシタン批判書『破提宇子《はだいうす》』を書いたのである。『破提宇子』のキリスト教批判は強烈で、当時の宣教師はその書を「地獄のペスト」と呼んで禁書にしたという。

ハビアンの存在は、キリスト教（イエズス会）が身内のなかから強力な敵を生み出してしまったという皮肉な例として語られるが、彼がキリスト教に対して牙をむくようになった理由には諸説ある。

最も大きい理由としては、教団内部での出世に取り残され、なかなか司祭になれなかったこと、あるいはヨーロッパ人宣教師の偽善や傲慢、日本人に対する差別的な態度に強い怒りと不満を持っていたことなどが指摘されている。

修道女と関係をもってしまい、相手が妊娠したため逃走して背教者になったという宣教師の報告もあり、さらには、朱子学者林羅山《はやしらざん》との論争に負けたことや、究極的には、西欧哲学の理解困難にそもそもの原因があったのではないかという指摘もある。

この最後の点について、西洋美術史を専門とする若桑みどりは同情的な見方をしている。彼女によれば、西洋文化に接した日本人は、全力で相手に食らいついてその言語や思想をマスターするか、あるいは自分が第一人者でいられる日本に回帰するか、あるいは両方を学んで西と東の架け橋になるか、どれかしかない。

だがハビアンにとって、ラテン語で古典哲学、自然哲学、スコラ哲学を学んで宣教師と対等になることはあまりに困難であった。若桑はハビアンについて、「西洋文化に接した日本知識人の苦悩の第一号」でもあったと述べている（『クアトロ・ラガッツィ』集英社文庫版、下巻、四一一頁）。

釈徹宗《しやくてつしゆう》は『不干斎ハビアン――神も仏も棄てた宗教者』で、新村出《しんむらいずる》、姉崎正治《あねさきまさはる》、遠藤周作、山本七平などさまざまな著者によるハビアン論を紹介している。

ハビアンが棄教してキリシタン批判者に転じた理由として、日本人を軽視する高慢で偽善的な外国人宣教師に対する憤りがあったとする「不平不満」説、あるいは、単に彼自身の信仰が薄かっただけという「信仰浅薄」説、あるいは、彼の個人的な資質から理解しようとする「そもそもそういう宗教者」説など、いろいろな見方を整理している。

釈徹宗自身は、『妙貞問答』と『破提宇子』の両書を著したハビアンを「世界初の本格的比較宗教論者」と評している（二四八頁）。ハビアンは自分の人生すべてを諸宗教と向き合うことに費やしたのであり、諸宗教の「比較」の営為こそ、「彼の信仰形態そのもの」だったというのである。

確かに、私たちはハビアンを、単に日本におけるキリスト教批判の先駆者としてのみ捉えてはいけないであろう。

山本七平がハビアンを通して「日本教」という概念を組み立て、彼を足がかりに日本人の宗教性や日本文化論を展開したように、その言動はより広い視点から研究される価値があると思われる。

†「踏み絵」の時代へ

ハビアンの『破提宇子』の頃から、大殉教が続いて起こった。一六一九年の京都では五二名、一六二二年の長崎では五五名、一六二三年の江戸では五〇名が処刑されている。

長崎の殉教には女性や老人、四歳や五歳の子供まで含まれていたが、もちろん神父や修道士もおり、そのなかの一人にイエズス会宣教師のカルロ・スピノラがいた。彼はかつて京都にアカデミアを設けて、天文学と数学を教えた科学者でもある。

スピノラは火刑に処せられる一〇年前、一六一二年に長崎で月食を観測し、それは日本における科学的月食観測の嚆矢《こうし》とされているのだが、その際にはマカオにいたイエズス会士の月食観測データと合わせて、長崎の経度も割り出してみせたのであった。

有名な「絵踏《えぶみ》」（踏み絵）が用いられるようになったのは、一六二八年からだと推測されている。はじめは紙や板に絵が描かれているものが使われたが、キリシタン摘発の道具として定着してからは金属製のものが制作されるようになった。

それから約一〇年後、一六三七年に、島原天草一揆が起きた。一般にこれは、島原および天草で起こったキリシタンを中心とした農民一揆だと説明される。

すべてがキリシタンだったわけではないが、農民たちが租税の重圧からの解放をもとめて幕藩体制に抵抗し、益田時貞《ますだときさだ》（天草四郎《あまくさしろう》）のもとに浪人や農民たちが結集するなど、経済闘争としての色彩が濃いものだったと考えられてきた。

しかし、蜂起した人々の行動には重税への抗議というだけでは理解しにくい点も多いため、現在では、経済的な闘争としてのみ捉えられるものではなく、キリシタンたちが神の国の実現を求めておこなった攻撃的な布教、つまり宗教運動としての性格が強いものと考えられることが多いようである。

最終的にこの一揆は幕府側によって制圧されたが、これによってキリシタンにはこの世の秩序を乱す邪教であるというイメージが定着し、彼らに対する警戒心がますます強められることになった。

この島原天草一揆の前後の時期に、鎖国論議の対象となる法令が全部で五つ出された。基本的には貿易統制、海外渡航禁止、キリスト教禁止、が要点とされている。最終となる一六三九年の法令が出されたのは、島原天草一揆が終わった直後である。これによってポルトガル船が入港禁止になるが、そこで問題にされていたのは、やはり宣教師とキリシタンであった。

長崎の大殉教の翌年（一六二三年）に徳川秀忠から将軍職を譲られた家光は、それまでの誰よりもキリシタンを憎み、その根絶を目指して、最終的にこうした鎖国政策に行き着いたと考えられている。

†「強かったから鎖国」

日本の「鎖国」については、すでに多くの研究がある。

しばしば「鎖国」は、日本が外へ目を向けることをやめて内向きになった、というネガティブな方向で評価されることが多かったが、必ずしもそうした見方が正しいともいえないようだ。

前出の平川新『戦国日本と大航海時代――秀吉・家康・政宗の外交戦略』では、当時の日本は強大な軍事力を持っていたがゆえに、ヨーロッパ列強を日本主導の管理貿易下におき、入国管理を徹底することができたのだとの指摘がなされている。

つまり、日本は「弱くて臆病だから鎖国」だったのではなく、「強かったから鎖国」というわけである（一四頁）。

確かに、すでに信長の時代には、一度の戦いで用いられるマスケット銃の数はヨーロッパにおけるそれよりもはるかに多く、日本は文字通りの軍事大国になっていた。よく知られているように、鉄砲が伝来してまもなく日本国内でも大量の銃が生産されるようになり、しかもそれらは非常に精度が高かった。

日本の軍事レベルを世界的にもトップクラスのものにする一端を担ったのが、皮肉なことに、イエズス会の宣教師たちであった。彼らの「布教」は「貿易」と密接に関わっていたが、そこには武器・火薬原料の調達も含まれていたからである。

一六四一年にオランダ人を出島に移すことによって鎖国体制が完成すると、日本国内でのキリスト教弾圧はさらに徹底された。キリスト教徒が発見されると、棄教するようせまられるのはもちろん、以後の監視は数代後の子孫にまでおよんだ。

五人組によって相互監視され、密告が奨励され、宗門改《しゅうもんあらため》により仏寺への帰属が強制され、葬儀においても仏僧の立ち会いが義務付けられ、実質的に人口調査や戸籍調査がおこなわれるなど、「キリシタン禁制」を口実に幕藩体制はその地盤を固めていった。

宗門改や寺請《てらうけ》制度は基本的にはキリスト教対策としてつくられたと言っていいようだが、幕府は日蓮宗の不受不施派《ふじゅふせは》なども弾圧しているので、要するに反体制的とされる宗教を排除することが目的だったようである。

こうした鎖国およびキリシタン迫害の背景には、カトリック国であるスペイン・ポルトガルと、新興のプロテスタント国であるイギリス・オランダとの世界覇権をめぐる争いもあった。イギリスとオランダは幕府に対して、カトリックは侵略者だと進言し、日本に恐怖心を抱かせることでスペイン・ポルトガルを排除させようともした。

キリシタンの迫害や処刑は、単に個々人の信仰をめぐる問題としてではなく、国際情勢や日本の国策が複雑に絡み合いながら正当化されていったのである。

†「崩れ」と「転び」

潜伏していたキリシタンが発見・逮捕されることを、当時は「崩《くず》れ」と言った。現在の歴史学でも、それらは、例えば「豊後崩れ」「天草崩れ」「浦上崩れ」などと地名をつけて呼ばれる。

そして、捕まったキリシタンが脅迫され、あるいは拷問や虐待を受け、その信仰を捨てると表明することは「転《ころ》ぶ」と表現された。

ヨーロッパからやってきた宣教師でさえ「転ぶ」くらい壮絶な拷問がおこなわれ、棄教した司祭のことは「転びバテレン」と呼ばれた。遠藤周作の『沈黙』がこのあたりのことを描いた小説としてよく知られている。

宣教師たちは、日本人の切腹などの慣習を嫌悪し、戦争で敵の大将の首を取ることなども野蛮人のすることのように報告している。しかし、日本人からすれば、妙な信仰のために死を選んでしまうキリシタンの生命観の方が不可解だった。

キリシタンの殉教には、武士としての倫理も関係していたということがこれまで幾人かの歴史学者によって指摘されている。

山本博文は『殉教――日本人は何を信仰したか』で、当時の日本において殉教者が多く出たのは、「江戸時代初期という時代の特質、死を恐れずむしろ向かっていく武士たちのメンタリティと密接な関係があると思われる」(一一二頁)と述べている。

また、山本によれば、家康はキリシタンに対して信仰を棄てよと命じながらも、それにしたがって本当に棄教した者は臆病で卑怯だと非難したことがあったという。

キリスト教信仰を守るか否かという問題それ自体が、武士の価値観によって評価される傾向があり、信仰を棄てないキリシタンは、武士としては立派だと見なされることもあったようだ。

全体の数からすれば、やはり「棄教」するのが普通で、「殉教」の方が特殊だった。キリシタンに対する取り締まりが厳しくなるにつれ、殉教や殉教者に対する敬意も薄れていったが、そんななかでもなお棄教を拒む者たちの信仰は堅固なものだった。

多くのサディスティックな拷問が考案され、キリシタン禁教下における弾圧・迫害は苛酷を極めていった。

†さまざまに考案された拷問

では、具体的にどのような拷問や処刑がおこなわれていたのだろうか。

片岡弥吉《やきち》の『日本キリシタン殉教史』などが詳しく解説している。ややグロテスクな話になるが、当時の現実を知るために簡単に見ておきたい。

「算木責《さんぎぜ》め」あるいは「石抱き」と呼ばれた拷問は、三角柱に切った三〜五本の角材を横に並べ、そのうえに正座させ、さらにその膝の上に重たい石を載せていくというものであった。足に激痛が走り、人々は悶絶した。

他には、針を指と爪のあいだに押し込むといったこともなされた。これだけでも十分鳥肌が立つが、他と比べればこれらはまだましな方だったようである。

「駿河問《するがど》い」と呼ばれた拷問もあった。それは、体をそらせるように両手足を後ろでしばって吊るし、背中に重い石をのせたうえで縄をねじって勢いよくコマのように回転させるというものである。これを何度も繰り返すと全身の脂が絞り出され、鼻と口から血の泡が吹き出たなどと伝えられている。

なかには、その拷問を受ける前に、手足の指を切り落とされたり、額に十字の焼印を押されたりした例もあったようである。

生きたままの「火炙り」は、誰もが想像するとおり実に恐ろしい処刑方法の一つだ。ただし、これは大きな炎ですぐに焼き殺してしまうものではない。それは弱火や遠火でおこなわれたのである。

その狙いはキリシタンを皆殺しにすることではなく、あくまで「棄教」という醜聞の実例をつくって喧伝することだったからである。したがって、苦痛や恐怖を長引かせることに主眼がおかれ、むしろすぐには死なないように注意が払われた。

先ほど述べた一六二二年の長崎における大殉教の際には、何メートルも離れたところに火を起こしてじっくりと恐怖をあおり、火を近づけたり遠ざけたりして棄教に誘ったといわれている。

水を無理やり漏斗《ろうと》で飲ませ、腹がパンパンになったら吐き出させ、また飲ませるのを繰り返すという「水責め」もしばしばなされた。

一六二四年の仙台では、真冬の二月に広瀬川に連行され、膝まで水につかるところで立たされ、「座れ」「かがめ」「立て」と命令される拷問を一〇時間も続けられて死んでいった宣教師やキリシタンもいた。

その際に処刑命令を出していたのは、貿易振興のためにかつてはキリスト教布教を容認していた伊達政宗であった。彼はその一年前の一六二三年、江戸に滞在していた際に、五〇人のキリシタンが火炙りにされるのを目撃していた。彼は水責めのみならず火刑もおこなっている。

氷の張った池に入れられるなど、拷問ではしばしば冷たい水が用いられたが、それとは逆に、熱いお湯が用いられたこともある。雲仙の熱湯泉である。

キリシタンは裸にされたうえで縛り上げられ、熱湯の泉に入れられたり、あるいは柄杓《ひしゃく》でそれを掛けられたりすることを繰り返された。彼らは重度のやけどを負い、皮膚はただれて破れ、悲惨な姿になったが、なかには一八日間もそれに耐え、信仰を捨てなかった者もいる。

†「人界の地獄」

長崎で最も残酷な迫害がなされたのは、水野守信《もりのぶ》や竹中重義《しげよし》が奉行だった時代、一六二〇年代後半から一六三〇年代前半にかけての時期である。

その恐ろしさは「人界の地獄」とも言われた。「絵踏」を初めておこなわせたのは、この水野守信だとされている。

拷問され、殺されたのは宣教師とキリシタンだけでなく、彼らに便宜をはかった者とその家族も刑の対象となった。男には火炙り、水責め、あるいは竹のこぎりで引かれるなどの拷問が加えられ、女は性的暴行を繰り返されたあげく殺されたり、あるいは娼家に渡されたりもした。「穴吊り」という最も苦痛が激しいとされる拷問は、この竹中重義が考案したものである。深さ二メートルほどの穴が掘られ、上には吊るし台があり、キリシタンはそこに逆さまに吊るされた。足だけが地上に出ているかっこうになる。

その際、内臓がずれないように胴体は縄できつく巻かれ、こめかみには刃物で傷をつけて溜まった血が少しだけ流れ出るようにし、すぐには死なないように工夫された。その状態で暗く息苦しい穴に吊るされて、穴の底には汚物も入れられたという。

イエズス会司祭のクリストヴァン・フェレイラが「転びバテレン」となった際に受けた拷問は、この「穴吊り」である。彼はこの苦痛に耐えられず、五時間で棄教したとされている。

一方、天正遣欧使節の一人、中浦ジュリアンは六〇歳(頃)の時にこの拷問にかけられ、五日間も耐えた後に信仰を守ったまま死んだのであった。

こうした、あからさまに痛みを加える拷問があった一方で、一九世紀後半の話になるが、津和野では「三尺牢《さんしゃくろう》」と呼ばれる拷問具が用いられたことも知られている。三尺牢は身体を伸ばすことができない縦横高さがそれぞれわずか三尺（約九〇センチ）の小さな牢に閉じ込めて、棄教を迫るというものであった。

同じく一九世紀後半、長崎の五島《ごとう》における弾圧では、わずか六坪の牢屋に二〇〇人ものキリシタンが押し込められた例もあったと伝えられている。

その土地では八カ月にわたって壮絶な拷問がなされ、狭い牢内では遺体も放置されたので、腐敗した遺体と糞尿や血がまざって不潔を極めた。一三歳だったキリシタンの少女は、そこで蛆虫に下腹を食われて死んだとされている。

現在そこには、小さな教会（牢屋の窄《さこ》殉教記念聖堂）と慰霊碑が建てられている。

第三章

禁教高札を撤去した日本

ド・ロ神父

1　復活したキリスト教

†ペリーの来航

ザビエルの来日から、約三〇〇年後。一八五三年の七月のことである。マシュー・ペリーを司令長官とするアメリカ海軍東インド艦隊、いわゆる黒船が日本にやって来た。『ペリー提督日本遠征記』はその序論で神道や仏教について触れており、日本の社会制度は宗教に対しては極めて寛容で、日本でキリスト教が駆逐されたのは宗教上の理由からではなく、あくまで政治的な理由からであったとしている（宮崎壽子訳、角川ソフィア文庫版、上巻、六一頁）。

ペリー自身も当然キリスト教徒である。彼が属していた教派は、英国教会の系統にある「聖公会《せいこうかい》」だ。初代駐日公使で日米修好通商条約を締結したタウンゼント・ハリスも、同じく聖公会に属していた。

後に日本にやって来た聖公会の宣教師たちによって、現在の立教大学、桃山学院大学、聖路加国際大学などの前身となる学校がつくられている。

聖公会は、ヘンリー八世の離婚問題を契機にして生まれた教派だと説明されることが多いが、アメリカで聖公会というと、その信徒にはペリーやハリスなど高級士官や外交官がいたように、富裕層、高学歴層、社会的上位層に信徒が多いリベラルな教派というイメージを持たれているようだ。日本の聖公会は、政治的にはリベラルだが、他と比べて特に富裕層や社会的上位層に信徒が多いというわけではない。

海軍のペリーから約九〇年後、今度は陸軍のダグラス・マッカーサーが連合国軍最高司令官として日本にやって来たが、彼も同じく聖公会の信徒で、日本にキリスト教を広めることに大変熱心であった（袖井林二郎『マッカーサーの二千日』中公文庫版、二五五頁）。

さて、日本はアメリカと一八五四年に日米和親条約、一八五八年には日米修好通商条約を結んだが、その後もしばらくのあいだ、キリスト教は禁じたままであった。キリシタン禁制の高札が撤去されたのは、ペリーの来日から二〇年も後、一八七三年になってからのことである。

日本でキリスト教が禁止・迫害されていた期間は、数え方にもよるが、約二六〇年間にもおよぶ。当時の人々の平均寿命やメディア環境などからすれば、キリスト教徒は絶滅していてもおかしくなかった。

ところが、信仰は密かに受け継がれ、キリスト教徒は生き残っていたのである。

では、彼らはどのようにその姿を現したのだろうか。

†宣教師に「発見」されたキリシタン

話の舞台は、現存する日本最古の聖堂建築として知られる長崎県の大浦天主堂である。日本がまだ禁教下にあった一八六四年の末、来日している外国人のための祈りの場としてそれが建てられた。

その教会は秀吉の時代に殉教した「二六聖人」に捧げられたので、名称は「日本二六聖殉教者天主堂」とされたが、現在ではその地名から「大浦天主堂」と呼ぶのが一般的である。これは当時の日本人にとっては非常に珍しい建築物だったため、人々からは「フランス寺」と呼ばれ、大勢が見物に来たようである。

そうしたある日、一八六五年、三月一七日のことである。見物人たちのなかにまぎれるように、浦上から幾人かの潜伏キリシタンたちがやって来た。彼らは天主堂のなかで祈っていたフランス人のベルナール・プティジャン神父の姿を見つけると、周囲を警戒しながら彼に近づいていった。

そして、そのうちの一人が神父の耳元でささやいた。「ここにいる私たちは、あなたと同じ信仰をもっています」。さらに、「聖母マリアの御像はどこですか?」と尋ねたというのである。

プティジャン神父は、日本にキリスト教徒が残っているかどうか、わずかに希望はもっていたものの、諦めかけていたので、彼らの出現に仰天した。

これはプティジャンによる信徒の「発見」としてすぐにヨーロッパにも伝えられた。キリスト教世界の人々は、長期の過酷な迫害にもかかわらず信仰がしっかりと受け継がれていたことを「信仰の奇跡」だと言って驚き、感動した。

「発見」という言い方は「新大陸発見」などと同様にヨーロッパ人側からの表現であるが、現在の日本でもいまだにこの言い方が用いられ、一八六五年三月一七日は「信徒発見の日」とされている。

カミングアウトしてきた潜伏キリシタンたちがその時にようやく見ることができたマリア像は、今では「信徒発見のマリア像」と呼ばれており、当時のままの状態で天主堂内に置かれている。また、その建物の前庭には、プティジャン神父のもとにキリシタンたちがやって来たときの様子を描いた大きなレリーフも置かれている。

†プティジャンの報告は自作自演?

ただし、この「信徒発見」という出来事の歴史学的正確さについては疑問を投げかける声もないわけではない。

日本キリスト教史の研究者である宮崎賢太郎は、『潜伏キリシタンは何を信じていたのか』

のなかで、プティジャンが報告したような劇的な信徒発見のエピソードは、実は作り話であり、「プティジャンが創作した自作自演のドラマ」（一七二頁）であると述べている。

宮崎によれば、「キリシタンは命がけで信仰を守り通したが、その守り通した信仰は、キリシタンとは呼ぶことのできない別のもの」（一六九頁）だったというのだ。

浦上のキリシタンたちがキリスト教の細かな教義などを明晰に誤りなく伝承してきたという従来の言説は、資料が語る事実と相違していることが明らかで、実証的な学問の立場からは受け入れられないというのである。

ただし、彼は決してプティジャンと日本人との関わりそのものが嘘だとか胡散臭いものだなどと言っているわけではない。

「信徒発見」の日を境に、プティジャン神父たちは、浦上のキリシタンたちを「真正」なキリスト教徒に作り変えようとした。浦上のキリシタンたちも、無償の愛を注いでくれるそうした宣教師たちの思いに応えようとして、必死に「ゼロから」キリスト教を学び始めた、と宮崎は考える。

彼によれば「信徒発見」の一八六五年三月一七日は、異教徒のようになっていた潜伏キリシタンたちが、「真正」なキリスト教徒として再出発した記念すべき日だとされるのである。

この「信徒発見」以来、多くの日本人が再び神父に信仰の指導を求めるようになった。

当時はまだ禁教令が解かれていなかったにもかかわらず、多くの潜伏キリシタンたちがカミングアウトをするようになり、キリシタンが「復活」し始めたのである。

だが、まだ当時、堂々とキリスト教信仰をもつことなど容認されるはずがなかった。

やがて浦上のキリシタンたちと地元の仏教との関係が悪化したことをきっかけに、長崎奉行によって大勢が一斉に検挙されてしまった。これが「浦上四番崩れ」と呼ばれるものの始まりである。

最終的には三三九四名のキリシタンが逮捕され、流刑に処せられ、彼らは各地で苛酷な拷問に遭った。流刑は死を覚悟した殉教への道のりとされ、浦上のキリシタンたちはその流罪を「旅」と呼んだ。結局それによって、六〇〇名以上が命を落としている。

†「カクレキリシタン」について

ここで簡単に、当時のキリシタンに対する呼称について触れておきたい。

これまで一般には、禁教令が出されて以降の全ての信徒のことを指して「隠れキリシタン」と呼ばれることが多かった。

だが、今挙げた宮崎賢太郎は、一六四四年にイエズス会の司祭であった小西マンショが死んで日本から指導者がいなくなった時から禁教高札が撤去される一八七三年までの約二三〇年間を「潜伏時代」と呼び、その激しい弾圧の時代に日本の神仏信仰とキリシタン風の信仰を併せおこなった人々のことを「潜伏キリシタン」と呼ぶ。

そして、禁教高札が撤去されてから神父たちの元に戻った者たち、すなわち正統なカトリックの信仰に戻った信徒たちを、宮崎は「復活キリシタン」と呼ぶ。その一方、禁教高札の撤去後も神父たちの元に戻らなかった者たちについては、宮崎は「カクレキリシタン」という全てカタカナ表記の固有名詞として扱うことを提唱している（宮崎、前掲書、二〇～二三頁）。

というのも、「カクレキリシタン」たちは、一八七三年以降は「隠れる」必要などなかったし、伝承の過程で大きく変形してもはや「キリスト教」とはいえない独自の宗教になっていたそれを、あえてそのままの形で維持しようとしたからである。

宮崎によれば、彼らの信仰は、「キリスト教的雰囲気を醸し出す衣をまとった典型的な日本の民俗宗教の一つ」（『カクレキリシタンの実像――日本人のキリスト教理解と受容』九頁）になっていたのである。

彼は次のように定義している。すなわち、「カクレキリシタン」は「明治六年に禁教令が実質的に撤廃され、信仰の自由が認められたにもかかわらず、カトリック教会とは明確に一線を画し、禁教下の潜伏時代を通して先祖代々受け継いできた信仰形態を今に伝えている人々」である。その宗教は「日本の諸宗教に普遍的にみられる重層信仰、祖先崇拝、現世利益的な性格」を強く取り込んだ「キリスト教とは全く異なった日本の民俗信仰」なのである(一四頁)。

†キリシタンは「変容」などしていない?

長い禁教期間によって、人々の信仰は本来のカトリックから別のものに変容してしまったという「禁教期変容論」については、すでに以前から幾人かの研究者たちによって批判的な検討もなされてきた。

最近では、民俗学者の中園成生《なかぞのしげお》が、浩瀚《こうかん》な『かくれキリシタンの起源——信仰と信者の実相』で、そうした「禁教期変容論」を否定している。中園は宮崎らの見方に批判的で、禁教期変容論の根底にある「かくれキリシタン信仰」への違和感は、現代カトリック信仰との差異に基づくものに過ぎないとする。

禁教期変容論がこれまで主流だった背景について、中園は、明治以降のカトリック教会が自らの正当性を主張するために、禁教高札が撤去された後も自分たちのところへ戻ってこなかった「かくれキリシタン」たちを「いわば異端の存在」と位置づけたことが影響したのではないかとも推測している(四一頁)。

中園によれば、キリシタンの信仰は、「一六〜一七世紀当時のヨーロッパの一般信者が享受したカトリック信仰が有したような土俗的・呪術的側面の影響を受けながら、イエズス会を主とする修道会の宣教師達が、当時の日本人の生活・生業や精神的特性に沿って信仰形態を整えた、インカルチュレーション（文化的受肉《じゅにく》）の産物（フォークカトリシズム）だった」という（四三八頁）。

そうした理解に立った上で、「かくれキリシタン」たちは、殉教しなかった弱き者ではなかったし、教義を理解せず勝手に信仰を変容させた無知な信者ではなかったし、弾圧を避けて辺鄙な離島に隠れた貧しい民でもなかったとされる。

かくれキリシタンは、中園によれば、「為政者の法に逆らう事で弾圧を受ける危険を負いながら、仏教や神道との併存という形の中で、キリシタンの信仰形態を継続させる事を自ら選択した強い人々」だったというのである（四四四頁）。

このように「かくれ（カクレ）キリシタン」については、いまだに研究者のあいだでもさまざまな議論がなされている。

†「キリスト教とは何か」という根本的な問題へ

宮崎が「潜伏キリシタン」や「カクレキリシタン」を一般的な意味での「キリスト教」のカテゴリーには入れられないとしているのは、決して彼らの宗教性や文化的価値を低く見たり否定したりするという意図からではない。

「○○はキリスト教ではない」というのは、生物学者がラバを指して「ロバではない」と言うのと同じで、否定でも批判でも悪口でもなく、単なる分類の問題である。

キリスト教系の新宗教や、いわゆるカルト宗教などの存在も考慮に入れるならば、普通のキリスト教とそうとは言い難いキリスト教とを分けることは、それなりに正当、もしくは必要であるようにも思われる。

だが、宮崎はいくつかの著書で、「真正なキリスト教」という言葉を用いた議論もしている。キリスト教信仰における「真正さ」とはいったい何を基準にしたものなのかについては、確かに慎重に考えていく必要があるだろう。

キリスト教は、日本に伝わるはるか以前に、ギリシャで「土着化」し、フランスで「土着化」し、あるいはアメリカで「土着化」し、それが日本に伝わっているだけで、「純粋なキリスト教」など存在しない、と考える研究者もいる。

結局、この時代のキリシタンに関する問題を突き詰めていくと、「どこまでが〝キリスト教〟なのか」「そもそもキリスト教とは何か」「キリスト教を〝信じる〟とはどういうことか」という極めて根本的な問いに突き当たるのである。

こうした問題については、本書で簡単に結論を出せるわけではないけれども、第五章と第六章で多少なりとも考えてみることにしたいので、ここではいったん保留にしておこう。

†ようやく禁教高札が撤去される

さて、一九世紀後半になってもなお続いたキリシタン迫害は、すぐに外交使節を通じて諸外国に知れわたり、日本は各国からの厳しい批判にさらされた。

日本は、当初はそうした批判をはねのけていたものの、やがてキリシタン弾圧は外交問題にまで発展し、これまでの姿勢を変えないわけにはいかなくなっていった。

そして、一八七三年に、ようやく禁教高札が撤去されるにいたる。

当時の日本では、「信教の自由」という新たな価値観を理解する人もあらわれ始めてはいたが、まだまだ少数派である。この時に禁教高札が撤去されたのは、あくまでも外交上の理由からであり、つまりは外圧によるものであった。

しかも、禁教高札を撤去したといっても、それは積極的にキリスト教の「公認」や「解禁」を意味したわけではない。あくまでも「黙許《もっきょ》」であり、さらに言うなら、諸外国が「黙許」だと勝手に解釈したに過ぎないとも言える。だが、これを機に、実質的に日本人への宣教活動が再開したのは確かであった。

日本へ初めてキリスト教を伝えたのは、ザビエルらカトリック教会の宣教師たちで、戦国時代から江戸時代にかけてのキリスト教は、ほぼ全てカトリックである。しかし、約二六〇年もの禁教時代を経て、キリシタン禁教の高札が撤去されて以降は、プロテスタント宣教師たちの存在感が急速に強くなっていった。

プロテスタントの宣教師たちは、日本社会をキリスト教精神によって変革することを目指し、新日本の建設を志す進取的新興階層のニーズに合わせた活動をしたことで、しだいに社会的影響力を持つようになっていった。

彼らプロテスタント宣教師のなかには、高等教育を受けた知識人が多く、医師をはじめさまざまな専門知識や技術を身につけた人物もいた。そして彼らは塾や学校など教育機関を作ることに情熱をもっていたのである。

潜伏キリシタンを「発見」したプティジャンはカトリックの司祭であり、この時代は他にも多くのカトリック司祭が来日している。だが、禁教高札撤去後のカトリック宣教師たちは、まずは無学で貧しい復活キリシタンたちの世話に力を注ぐ必要があった。もちろん教育に無関心ではなかったが、どちらかといえば、孤児の世話をはじめとする社会福祉事業に取り組むことが多かったようである。

だが、近代日本は急いで先進的な知識と技術を取り入れようとしていたので、若くて野心的な日本人の目は、社会改革への意志をもって教育界での活動に積極的なプロテスタントに向けられる傾向が強かったのである。

†宣教師フルベッキと岩倉使節団

廃藩置県がおこなわれた一八七一年、同時に散髪脱刀令も発布され、人々は丁髷《ちょんまげ》を切り落としていわゆる「ざんぎり頭」になった。その姿は文明開化を象徴するものと見なされ、日本は大きく変貌していった。

この時代の日本に重要な影響を与えた宣教師の一人に、フルベッキという人物がいる。G・H・F・フルベッキはアメリカ・オランダ改革派海外伝道局所属の宣教師で、二九歳の時、一八五九年に来日した。

彼は優秀な頭脳の持ち主で、日本の若者たちに語学、政治、経済・科学などさまざまな学問を教えた。その門下生には大隈重信、伊藤博文、大久保利通などが含まれている。

後にフルベッキは近代化政策推進のために政府顧問として招聘され、日本の政治上の建設に大きく貢献した。彼は四カ国語を操り、人柄もよかったようで、いわゆる「お雇い外国人」のなかでも特に篤く信頼された。さまざまな助言を求められて重大な政策にも関与し、近代日本に大きな影響を与えることになったのである。

多方面におよんだフルベッキの仕事のうち、最も重要なものの一つは、欧米への遣外使節、いわゆる「岩倉使節団」の派遣を進言したことである。使節一行の目的は、幕末条約締盟国への国書の捧呈、条約改正の準備交渉、欧米の社会制度や学問・技術に関する調査などであった。フルベッキは使節団の派遣にあたり、視察する諸国、視察の内容、使節団の組織、さらに諸外国から予想される質問や要求などについて文書にまとめ、岩倉と検討を重ねた。「ブリーフ・スケッチ」と呼ばれているその文書には、「宗教的寛容」に関するノートも付加されていた。

本来は宣教師であるフルベッキが使節派遣に積極的だったのは、日本におけるキリスト教解禁の日が近いことを期待してのこともあったようである。

岩倉使節団は、行く先々で日本におけるキリシタン迫害を非難された。結果的にそうした圧力が効いて、条約改正および日本の近代化のためにはキリスト教の禁止をとりやめる必要があると判断することになり、使節団はそのことを政府に報告した。結果としてフルベッキの望み通りになったのである。

†軍隊建設のすすめ

かつて、フルベッキは長崎洋学校で英語を教え、致遠館《ちえんかん》では、語学(英、仏、蘭、独)、政治、科学などに加え、築城、兵事も教授していた。熊本藩の大名細川氏からは、欧米から輸入した兵器の取扱いについて教えを乞われたこともあったようである。

フルベッキは「ブリーフ・スケッチ」のなかで、諸外国で実際に見て調査すべき事柄として、行政、法律、税制、教育、そして宗教のみならず、軍事も挙げている。彼は、陸海軍や兵舎、兵学校、造兵廠《ぞうへいしょう》、要塞などを訪問することも勧めていた。

もちろんフルベッキは、自分の使命はキリスト教の福音を伝えることだと自覚していたが、同時に彼には、日本における国民軍の創設と徴兵制採用を強く主張し、日本の近代的強兵政策推進に寄与したという一面もあったのである。

一八七〇年の秋、岩倉具視をはじめとする当時の政治指導者たちがフルベッキ邸に集まり、常備軍の建設や沿岸防備などについて秘密会議を開いた。

その時にフルベッキがどのようなことを言ったのかについては、後に彼の伝記を書いたW・E・グリフィスが、『ミカド――日本の内なる力』(亀井俊介訳)のなかで詳細に伝えている。フルベッキは集まった日本人に対し、「平和は哲学者の夢であり、キリスト教徒の希望でありますが、戦争は人類の現実の歴史です」と述べた。これまでイギリスが世界各地で何をしたか、フランスやドイツやロシアはこれまで何をしたかを考えてみよ、とフルベッキは言い、現実に「危険」があるのだと繰り返した。

そして次のように続けている。「私の助言は、海岸を固めると同時に、真に国家的な軍隊をつくりなさいということです。若者を訓練し、教育しなさい。そしてすべての人に昇進の道を開きなさい」（一三七頁）。

フルベッキによると、軍隊をつくれば「地方主義や極端な階級的うぬぼれも打破され、国中の人々が、国の繁栄に対する正しい誇りと、陛下のほまれを高めようという熱情とで満たされることになるでしょう」というのである。

グリフィスによると、この秘密会議から数週間も経たないうちに、この「平和を愛するけれども賢明なこの宣教師」の助言にしたがって、日本は国軍創設の準備に入ったという。

こうして日本は、禁教高札撤去の一年前、一八七二年に陸軍省・海軍省を設置し、近代的な軍隊をつくりはじめた。そして禁教高札撤去と同じ年に、徴兵令を公布したのである。これが、約二〇年後の日清戦争での勝利につながっていく。

もちろんフルベッキの意見だけで全てが動いたわけではないが、この宣教師の考えも大きく影響しながら、日本の軍事政策は大きく変化していったのである。

†拳銃を携帯していた宣教師

フルベッキの来日の目的は、あくまでもキリスト教の宣教だったが、彼は決して夢想的な平和主義者ではなかった。この点は十分に注目されてよい。

グリフィスはフルベッキの伝記『新訳考証　日本のフルベッキ——無国籍の宣教師フルベッ

キの生涯』(村瀬寿代訳)で、フルベッキが護身用として拳銃を携帯していたことについても証言している。

攘夷《じょうい》思想が残っていた明治初期、いわゆるお雇い外国人は、しばしば身の危険にさらされていた。人の多いところには無法者も多く、殺人が横行しており、フルベッキもそうした事件や被害者の遺体を目撃している。彼が外出する時には刀を持った護衛がつくこともあった。

グリフィスは次のように述べている。「フルベッキ氏は自分のリボルバー〈回転式拳銃〉を注意深くいつでも使える状態にしていたと私は記憶している。彼はゆるめの背広の上着の右ポケットにリボルバーを入れていた。咄嗟《とっさ》に用いるには一番よい場所だと彼は言っていた。酒に酔った浮浪人やならず者は言うまでもなく、人を殺すのを厭わないローニンや種々の物騒な輩が首府にはあふれていた。日本のフルベッキは自分の命を投げ出す気持ちなど毛頭なかった」(二三一頁)。

当時、横浜外国人居留地守備のために来ていたイギリスの軍人二名が日本人に刀で斬り殺されるという事件があったのだが、フルベッキは、その二人の軍人は拳銃をベルトの後ろにつけていたから相手の素早い攻撃に対応できなかったのだとも言っていた。それ以来、このフルベッキ伝を書いたグリフィス自身も彼の真似をして、拳銃を上着の内側に隠せるようにポケットを付けてもらったという。

宣教師が日本国内で拳銃を持ち歩いていたというと、意外な印象を受けるだろう。もちろん全ての宣教師がそうだったわけではないが、当時はまだそういうケースもありうる時代だったのである。

†さまざまな社会の変化

この時代の日本には、宗教や軍事以外にもさまざまな変化があったが、「改暦」もその一つである。それも禁教高札の撤去と同じ時期になされている。

日本ではそれまで太陰太陽暦が用いられていたが、明治五年一二月三日を明治六年（一八七三年）一月一日として、暦《こよみ》を欧米諸国と合わせたのである。

それはグレゴリウス暦と呼ばれているもので、それを導入したグレゴリウス一三世は、第二章で紹介した天正遣欧使節の少年たちが謁見したあの教皇である。

暦の変更がなされたのは、基本的には外国人雇用の際の事務的便宜や、諸外国との連絡や取引をしやすくするためであったが、結果としてはキリスト教徒にも好都合だった。

当時の日本では、官吏の休日は一、六の日とされており、それ以外の日が日曜であっても仕事をせねばならず、礼拝に出ることができなかった。

暦の改定に続いて、政府は一八七六年からは日曜を休日とするようにしたので、日本のキリスト教徒たちは礼拝に出席しやすくなったのである。

†宣教師のもとへ送り込まれたスパイ

一九世紀後半に来日していた宣教師のもとには、求道者を装ったスパイ・密偵が送り込まれることも珍しくなかった。

佐波亘《さばわたる》編『植村正久と其の時代』第一巻ではそうした話がいくつも紹介されている。例えば、次のようなことがあった。

医療宣教師として来日し、後に英和辞書を作ったことでも知られるJ・C・ヘボンは自宅に定次郎という家僕を雇い入れていた。だが、しばらくすると、定次郎はヘボンに対して、ここを出ていきたいと申し出たのであった。

ヘボンが事情をたずねると、定次郎は、実は自分はある藩の武士であり、異人の内情をさぐっていずれは斬り殺すつもりで家僕として入り込んだのだという。ところが、ヘボンは想像していたのと違って、とても親切であり、仁義道徳もわきまえているので、自分にはあなたを殺すことはできない、と告白したというのである。

こうしたことは一度や二度ではなく、同じようなことが繰り返されていたのであった。ヘボンの最初の日本語教師である彌五郎という人物も、後になってからそれは偽名であり、実は探偵として政府に命じられて潜入したのだと告白したのである（二七八頁）。

フルベッキのもとには、仏教側から送られたスパイが潜入していた。

そのスパイの僧侶は「耶蘇《ヤソ》退治」のための情報収集としてフルベッキのところへ入り込み、実に三年間にわたって教えを受けた。とても熱心だったので、フルベッキが彼に自ら伝道するよう勧めると、彼は突如行方をくらましてしまった。

それからしばらく後、キリスト教を批判する『崎陽茶話《きようさわ》・邪教始末《じやきようしまつ》』という冊子が一八六八年に刊行されたのだが、それを読んだフルベッキは、その著者はかつて自分のもとでキリスト教を学んだその僧侶に間違いないと気付き、後に知人に送った書簡でもそのことについて触れている（高谷道男編訳『フルベッキ書簡集』一三二頁）。

スパイのなかには宣教師を見直してキリスト教に帰依する者も出たが、多くのスパイはキリスト教を肯定的に認識し直すにはいたらなかった。その多くは真宗の僧侶だったのである。

社会学者の森岡清美は『日本の近代社会とキリスト教』のなかで、太政官から派出されたスパイについても幾人かを挙げている。

まず一人は安藤劉太郎という人物で、彼は日本基督公会（日本で最初のプロテスタント教会）の設立の日に受洗したうちの一人であった。彼は、実は真宗東本願寺派の僧安休寺猶竜で、「上等諜者」として月二〇両の給金を得ながら、横浜方面の「異宗探索」を担当していたとされている。

また、同じく日本基督公会で桃江正吉と名乗って受洗した人物も破邪護法の僧光永寺隆端の偽名で、彼は月一〇両の「下等諜者」として東京方面の探索を命じられていたという。

異宗探索を命じられていた太政官諜者としては、東京に二名、横浜に二名、大坂に二名、長崎に二名、長崎天主堂掛り三名、箱館に一名、合計で一二名が活動しており、そのうちの多くが真宗僧侶であったという（三七～三九頁）。

2 日本人の信仰と宣教師たち

†入信の際に求められた覚悟

一九世紀後半、それまで鎖国していた日本に、欧米資本主義国家の経済的および軍事的な力が圧倒的な形で示された。日本におけるキリスト教再受容の背景には、何よりもそうした現実があった。

だが、個々の日本人は、自分なりの理解や納得があって入信したという側面も無視できない。当時の入信者たちは、なぜキリスト教信仰の道に入ったのだろうか。

今現在は、キリスト教の思想、歴史、文化に関する情報は簡単に手に入るが、当時はキリスト教の思想や歴史を解説する本は極めて少なかったし、聖書を熟読できる機会さえ限られていた。それにもかかわらず入信を決断できたのは不思議である。

しばしば指摘されているのは、宣教師たちの人柄が周囲の人々を惹きつけたというものである。初期のプロテスタント宣教師たちについては、普段の彼らの人となりがきちんとしていたのみならず、病人や死者に対する態度にも温かさがあり、それが時にはスパイの心をも動かしたという逸話がいくつも残されている。

また、当時の「信仰」は、キリスト教それ自体に関する細かな知識や理解よりも、とにかく熱い覚悟のあることが求められる雰囲気があったようにも見受けられる。森岡は前掲書で次のような例を挙げている。

ヘボンの日本語教師をしていた奥野昌綱《まさつな》は、はじめはキリスト教信仰に批判的であったが、やがて真剣に信仰をもつにいたって、宣教師J・H・バラに受洗を願い出た。しかし、今の一般的なキリスト教会では考えにくいことだが、すぐには許されなかったというのである。というのも、当時はまだ日本でキリスト教が禁止されていたので、もし入信するとどんな目に遭うかわからないからである。

そこで、バラや同じく宣教師のS・R・ブラウン、および日本人信徒による試験がなされ、奥野は霊魂が救われるためであれば死刑も甘受すると答え、そこでようやく受洗を許されたという。特殊な時代状況であったとはいえ、受洗するのに死の覚悟が求められることも珍しくなかったのである。

キリスト教は、当時の日本で常識的であった神観念、天皇についての理解、家族間の倫理などに対し挑戦的な態度をとるものだったため、禁教の高札撤去後もキリスト教徒は世間や国家体制との軋轢を覚悟せねばならなかった。

この時代の入信者たちは、知識量や教義・思想の理解においては未熟な部分があったのではないかとも指摘されているが、それでも彼らとしては命を賭けた信仰なのであった。

†「理解」してから信仰するのか？

直接「聖書」をとおして信仰を得るにいたったという点で、当時としてはかなり珍しいのが村田若狭《わかさ》である。

肥後藩の家老であった村田若狭は、プロテスタントの洗礼を受けた最も初期の信徒である。彼は最初から直接宣教師について信仰を学んだわけではない。村田は英語ができる家臣をフルベッキのもとへやり、理解できない聖書の箇所について何年も教えを乞わせて、自ら受洗を願い出るにいたった。

森岡清美は村田について、おそらくは「大身の武士としての儒教的教養と態度、佐賀の葉隠精神に培われた彼の思想と生き方が、キリストの事蹟を学ぶことによって超克され、新しい人類的な地平を望見するに至ったのであろう」（森岡、前掲書、四〇頁）と述べている。

その推察が正しいとするならば、それは内村鑑三が武士道にキリスト教を接ぎ木しようとしたのとも似ていると言えるかもしれない。小崎《こざき》弘道や海老名《えびな》弾正《だんじょう》といった、日本のキリスト教史に強い影響をおよぼした人物たちについても、森岡は「儒教的教養」「実学的姿勢」「武士的生活態度」がキリスト教への共感と入信の背景としてあったのだと指摘している。

一方、受洗した信徒たちのなかには、キリスト教をもっぱら「文明国の宗教」と捉えて、キリスト教を採用しなければ欧米のような文明国になれないと考えた者もいた。

そうした信徒たちは受洗後かなりの年月を経てからはじめて、霊的な、真の意味でのキリスト教に気付いたようである。近代日本のキリスト教界に大きな影響を与えた植村正久でさえ、入信してかなりの時間が経ってから、ようやく「罪」や「キリストの贖罪による罪の赦し」といったことがわかったという。

彼らのこうした告白を文字通りにとるならば、人々は必ずしも十分にキリスト教信仰を理解してから入信したわけではなく、とりあえず入信し、信仰生活を送るなかで少しずつその宗教についての理解を深めていった、というのが実態であったことになる。

譬えるならば、子供が野球などスポーツのルールを覚えていくプロセスとも似ているかもしれない。

子供は、まずルールブックを読んでそのスポーツを十分に理解し尽くしてからプレーを始めるわけではない。とりあえずキャッチボールやバッティングなど簡単な動きから始め、周囲の人に教えてもらいながら少しずつ複雑な動きを覚えていき、時間をかけてルールの全体を理解していくものである。信仰や宗教的実践も、ひょっとしたらそれと似たイメージで捉えられるかもしれない。

†いかがわしい改宗者も多かった？

一方、当時の日本人キリスト教徒に対しては、懐疑的な目を向ける外国人もいた。日本をはじめ東アジアの芸術や風俗の研究者であるアドルフ・フィッシャーは、『明治日本印象記――オーストリア人の見た百年前の日本』（金森誠也、安藤勉訳）のなかで、一九世紀末の日本人キリスト教徒について触れている。

フィッシャーが来日したのは日清戦争（一八九四〜一八九五年）の直後である。彼の記述はあくまでも彼の個人的な観察によるものだが、当時のヨーロッパ知識人の目に映った日本人キリスト教徒の姿の一例としては興味深い。

まずフィッシャーは、「日本に大勢いるキリスト教への改宗者のなかには、いかがわしい者が多くみられる」と率直に述べている（三四六頁）。日本人の改宗者のなかには、キリスト教徒の改宗ファナティシズムを最大限に利用して個人的な利益を得て、陰でほくそえんでいる者がいる、というのである。

フィッシャーは、彼の通訳をしていた日本人が、キリスト教徒になることで伝道団体から費用を出してもらい、何年もアメリカに滞在したという例を挙げている。

その日本人は「狡猾《こうかつ》な笑み」を浮かべて彼にこう言ったという。「キリスト教徒になろうとする日本人には、いまが絶好の機会です。なぜなら、アメリカ人が気前よく金を出してくれるからです！」（三四六頁）。

またフィッシャーは「バーゼルの伝道団体が湯水のように金を使って育て上げた似而非《えせ》キリスト教徒」と六カ月ほど仕事で付き合った際に、その日本の似而非キリスト教徒の正体を徹底的に知ることになったと述べている。彼によれば、「日本人は欺瞞術においてはとうてい信じがたいような能力を発揮する」というのである。

その日本人キリスト教徒は、キリスト教団体から与えられた金で長期間スイスで暮らした後、日本に帰ってから後援者の女性に手紙を書いた。バーゼルにいたときに心を揺さぶったオルガンの響きがここ日本にはなくて悲しい、という内容だったようだ。

すると、後援者の女性たちはすぐに大金をはたいて日本へハルモニウムを送ったのだが、それが到着するやいなや、彼は横浜に急行してそれを家具オークションでたたき売ってしまった、というのである（三四七〜三四八頁）。

「宗教的熱狂」のない日本人

こうした話が事実なのか、あるいはフィッシャーの誤解によるものなのかはいまや確かめようがないが、このような金銭面に関する具体例を挙げながら、彼は当時の日本の「似而非キリスト教徒」に強い疑いの目を向けている。

フィッシャーは、戦国時代にイエズス会宣教師が来日し、一時期は多くのキリスト教徒が生まれた歴史があることを踏まえつつも、一九世紀末の日本人については「宗教的熱狂の性向があまりないことが明らか」だと評している（三五二頁）。

また彼は、井上哲次郎の『教育ト宗教ノ衝突』というキリスト教を攻撃する本が出版されて、日本人のあいだでセンセーションを巻き起こしたことについても触れ、その内容を長々と引用し紹介している。

そして、井上の主張は進歩的・啓蒙的な日本の愛国者たちに支持されているとしたうえで、最終的にフィッシャーは「キリスト教が、早晩、日本で支配的地位を得ることができるかと言えば、それははなはだ疑わしい」と結んでいる（三五九頁）。

フィッシャーの記述は、必ずしも当時の平均的日本人キリスト教徒の姿を公正に伝えているとは限らないが、まったくの作り話というわけでもないだろう。

念のため付け加えておくと、そもそも彼は日本の美術に関心をもって来日しており、新婚旅行先にも日本を選んだくらいの人物である。決して日本や日本人をネガティブにのみ見ていたわけではない。むしろ、基本的には日本が好きなのであった。

同じ本のなかでフィッシャーは、日本人と宗教教育について議論したことに言及しており、そこでは日本人を大変ポジティブに評価している。

彼は、日本ではヨーロッパのような宗教教育はおこなわれていないと聞いて驚くのだが、それでも「公平に見て、実際に日本人ほど礼儀正しく、上品な民族はなく、西欧人がしきりにビールや火酒《かしゅ》を飲み、トランプ遊びにふけるのにひきかえ、日本人にはいささかも粗暴な趣きはなく、自然とすべての美に対する愛を育てている」（四六頁）とも述べている。

†仏教からの攻撃とキリスト教の対応

さて、急速に宣教を活発化したキリスト教に対し、仏教の側は危機感を覚えるようにもなっていった。そこで仏教は、対抗手段の一つとして仏教演説会を開き、「耶蘇教排撃」のキャンペーンをおこなうこともあった。

一八八四年に曹洞宗の龍昌寺でおこなわれた仏教演説会では、仏教は自由教だが耶蘇教は束縛教だというキリスト教攻撃がなされた。その翌日にも、真宗大谷派西広寺で仏教演説会が開かれ、同じくキリスト教への攻撃がなされた。

いずれの会でも、聴衆のなかからキリスト教徒だと思われる一人が立ち上がり、質問があるから返答せよと幾度も叫ぶという一幕があったが、仏教側の講師はキリスト教を罵倒したにもかかわらず、質問には何も答えずに引っ込んでしまったという（森岡、前掲書、一一〇頁）。とはいえ、質問に答えられなかった仏教側が面目を失墜したかといえば、必ずしもそうではなかったようである。

キリスト教徒は仏教側の醜態を見てあらためてキリスト教の真価を確認し、信徒でない人々のなかにもキリスト教に惹かれる者がいたという。だが、多くの聴衆にとってキリスト教は依然として難しい宗教であったため、僧侶のキリスト教攻撃に同調する者が多かった。

キリシタン時代から、キリスト教と仏教とのあいだでは「宗論《しゅうろん》」が戦わされてきたが、実際のところ、言葉によるやり取りで勝敗がついて、当事者やそれを聴いていた人たちがそれに納得するということはほとんどなかったようである。

†人々に認められるための手段としての「禁酒」

そんな当時、特にプロテスタントのあいだでは、禁酒が勧められることが多かった。キリスト教徒として生き直すということは、生活の全体を変革することであるとして、その頃のキリスト教徒は現在のキリスト教徒と比べて、特に飲酒や異性関係において禁欲的であろうとする傾向を強く持っていたのである。

特に禁酒禁煙は教会によって強く求められ、違反した信徒には、聖餐《せいさん》権停止、さらに除名といった厳しい処分が下されることもあったのである。

しかし、実は、キリスト教の教義に「禁酒」があるわけではない。

福音書によれば、イエス自身もぶどう酒を飲んでおり、水がめに入っていた水をぶどう酒に変える「奇跡」まで起こしたとされている(「ヨハネによる福音書」二章)。パウロの名で書かれた書簡(「テモテへの手紙一」など)には、ぶどう酒を飲むことを勧めるような一節もある。

それにもかかわらず、なぜ当時の日本人信徒たちは自らに禁酒を課したのだろうか。

すでに述べた通り、当時のキリスト教徒は、信仰の純粋性を維持するために、それまで日本にあった既存の宗教的伝統を否定し、排斥することもあった。そのことは、ただでさえキリスト教に懐疑的な人々の反感をかったわけだが、キリスト教徒としては決してそれが反社会的な姿勢によるものではないことを理解してほしかったのである。

キリスト教の思想や信仰内容は、非信徒には理解しにくい部分がある。聖書は分厚い書物で、読むのに苦労するし、読んだところで容易に理解できるものではない。そうしたなかで、さしあたり説得力をもって自分たちの正当性を示すには、要するに清く正しい生活を送ってみせるしかなかった。自分たちがきちんとした日常を送っていることをアピールするうえで、「禁酒」は最も理解されやすいものだったのである。

もちろん「信仰」と「倫理・道徳」はイコールではない。キリスト教文化圏でも、いじめや犯罪や戦争があるように、信仰があれば倫理的・道徳的な人間になれるとは限らない。だが、現に当時、キリスト教に対して批判的・攻撃的だった人々も、信徒たちの真面目な生活態度それ自体には一目を置いたようである。

また、そこには同時に、アメリカからの影響もあった。一九世紀前半に、アメリカでは飲酒の害が社会問題として意識され、女性たちによる禁酒運動が盛んになり、教会でも禁酒同盟がつくられるようになった。

そうした動きは、日本への伝道を計画・実行しはじめた時期も続けられたので、宣教師たちは日本でも禁酒を勧め、キリスト教入信の条件としてもそれを加えたのである。こうして当時の日本では、キリスト教徒は酒を飲まないという風潮が生まれた。

実際に日本では、禁酒会の価値を認めたために教会に関わり、最終的に受洗するにいたったという例も少なくはなかったようだ。日本人キリスト教徒たちによる生活改善運動、特に禁酒運動が、宣教に一定の効果を発揮したのは確かなようである。

†禁酒運動のその後

ただし、社会から飲酒を根絶することは極めて困難なので、厳格な禁酒命令は、結果として教会の門を狭くしてしまったという面もあったようだ。

当時のキリスト教、特にプロテスタントはあまりに強く禁酒を勧めるので、信仰の厳しさに耐えられないとか、あるいは、いつか禁酒の誓いをやぶって教会に汚点を残してしまうのではないかといった理由から、教会を去る者もいたという。

しかし、だからといって教会の側はそうした厳しさをゆるめることはしなかった。むしろ、教会員の資格に欠けるとされた者を除名することにも躊躇しなかったようである。

森岡清美はこうした点を指して、当時のキリスト教会を、来るものを拒まず去るものを追わぬ団体ではなく、「来ることを求めるとともに去ることも求める、旗幟《きし》の頗《すこぶ》る鮮明な団体」(森岡、前掲書、一四〇頁)だったと評している。

禁酒をはじめとして、日本のキリスト教においてはその初期から真面目な生活態度が重視され、それは「矯風《きょうふう》運動」とも呼ばれた。「矯風」とは、悪い風習や風俗を矯正することを意味する言葉である。

そうした運動もあり、近代以降の日本では、キリスト教徒は酒を飲まず真面目で堅物、というある種の「偏見」も生まれた。日本でキリスト教徒がそうした目で見られる傾向は、二〇世紀後半くらいまでは続いたと思われる。

だが、最近の日本のキリスト教徒のあいだでは、飲酒をタブー視する傾向はほとんどない。もちろん教派や教会によっても差はあるが、主流の教派においては、飲む人と飲まない人との割合は一般社会とほとんど変わらない。多くの牧師や司祭も、常識の範囲内で酒を飲んでいる。スナックや居酒屋などを経営していたり、そこで働いたりしている信徒も珍しくない。

新宿の歌舞伎町でスナックバーを開いていた神父もいる。ジョルジュ・ネランという陸軍士官学校出身のフランス人神父がその人である。

彼は第二次大戦後、宣教師として日本にやって来て、若者に学問を教える一方、一九八〇年にそのスナックバー「エポペ」を開き、街の人々の話に耳を傾けながら宣教した。

†「ド・ロさま」と呼ばれた神父

さて、一九世紀後半の日本には、多くの宣教師がやって来ていた。

皆がそれぞれ個性をもっていたが、以下では、ある一人のフランス人神父ついて簡単に紹介することにしたい。

彼の名は、マルク・マリー・ド・ロという。彼は主に長崎で活動し、地元の人々からは「ド・ロさま」と呼ばれて親しまれた人物である。

彼は二八歳のときに来日して、七四歳で死ぬまで、一度も祖国に戻らなかった。文字通り日本宣教に人生をささげ、日本で死に、今も日本の土のなかで眠っている。

彼がおこなったことの中心は、広い意味での救貧事業・福祉事業である。彼は日本における福祉事業の先駆者だったと言ってもいいかもしれない。

ド・ロは、フルベッキのように日本の政治に影響を与えたとか、ヘボンのように後の有名大学の源流をつくったとか、そうした目立ち方はしていない。だが、彼が関与した領域は地元の人々の生活に密着したもので、驚くほど幅広かった。

ざっと挙げるならば、印刷出版事業、医療活動、教育活動、孤児養育、建築設計、大工仕事、土木工事、農業指導、漁業指導、鰯網《いわしあみ》製造、開墾、機織《はたおり》、パスタ・そうめん・醬油の製造販売などである。

彼はカトリック司祭なので、生涯独身であり、財産らしい財産ももたなかった。教会内での出世なども一切考えず、ただひたすら、当時の日本人の幸せのために生きた愛の人であった。

ド・ロは、一八四〇年にフランスで貴族の子として生まれた。彫刻家のロダンや、画家のモネが生まれたのも同じ年である。父方の祖父と母方の祖父は、ともにナポレオンに仕えた人物であった。

彼の特徴は、何よりもその多芸多才ぶりと創意工夫の能力にあるのだが、どうやらそれは、父親の教育によるものだったようである。

父ノルベールはフランス社会の変動期に生きたので、身分や財産というものがいざという時には頼りにならないことを身を以って知っていた。そこで、どんな世の中になってもたくましく生きていけるようにとの考えから、ド・ロには幼少期から牧畜、農作業、大工、石工、裁縫など、可能な限り多くのことを学ばせたのである。

そして、幅広い実践的な知識と技術を身につけさせてこの世で生き抜く能力を与えるとともに、家庭教師をつけて学問も学ばせた。

ド・ロは二〇歳になると神学校に進学し、宣教師になるための勉強を始めた。途中で病気もするが、勉強を続けて、やがて二五歳で司祭となった。彼はそれから、聖ジュリアン教会の補佐司祭をした後に、パリ外国宣教会に入る。

†パリ外国宣教会

パリ外国宣教会というのは、主に東アジアや東南アジアでの宣教を目的として作られた組織である。本章の最初に、プティジャン神父による「信徒発見」のエピソードについて触れたが、プティジャンが属していたのも、このパリ外国宣教会である。

その本部の建物には「殉教者の部屋」があり、同会の宣教師たちがアジア諸国で受けた拷問の様子を描いた絵、鉄の足かせなどの拷問具も展示してあり、地下聖堂には殉教者の遺骨なども並べられているという。

彼らにとって、外国宣教というのは決して生易しいロマンティックなものではなかった。パリ外国宣教会には、神学生たちに殉教の覚悟、つまり死ぬ覚悟を求めるような、激しく厳しい側面もあったのである。

日本がいわゆる鎖国政策を解いて日仏修好通商条約を締結したのは一八五八年だが、さっそくその翌年から、パリ外国宣教会は日本に宣教師を派遣しはじめた。

そして、一八六五年、すでに述べたように、プティジャンのもとに潜伏キリシタンたちがやってきて、キリスト教徒であることをカミングアウトしたとされている。

その「信徒発見」の後、プティジャンはローマに行って教皇に謁見するが、その足でフランスにも立ち寄って、日本で共に働くことのできる司祭を探した。

当時のフランス人にとって、日本はもちろん遠い異国だったが、ジャン・クラッセの『日本西教史』や、レオン・パジェスの『日本二六聖人殉教記』なども刊行されており、日本そのものは意外と知られていたようである。

プティジャンの呼びかけに応じて、その時にすぐに手をあげて日本宣教に参加する意思を表明したのが、ド・ロだった。

ド・ロの父と母は、息子との今生《こんじょう》の別れというとき、彼に二四万フランという大金を持たせた。それは大変な金額だったようである。

森禮子《れいこ》は『神父ド・ロの冒険』で、一八三〇年代のフランスを舞台にした小説『レ・ミゼラブル』に出てくる青年マリウスの一年間の生活費が約六五〇フランとされているところから、ド・ロの二四万フランという金額の大きさを推測している。その額は、マリウスの生活費の三六九年分に相当することになる。

日本におけるド・ロの宣教・社会事業は、主にこのお金によってまかなわれた。

†ド・ロの医療活動

ド・ロはプティジャンに連れられ、一八六八年に長崎に到着した。

それは「浦上四番崩れ」の翌年にあたり、ちょうど浦上キリシタン一村総流罪の太政官達が出された日でもあった。すでに述べたように、浦上では三三九四名のキリシタンたちがいくつもの藩に移送され、その先で壮絶な拷問や虐待を受け、六〇〇名以上が命を落とした。

一八七三年、ようやくキリシタン禁制の高札が撤去されて、生き残った者たちは故郷に帰ってくることができた。

しかし、生還したとはいえ、田畑は荒れ果てていたり没収されたりしていた。家も勝手に売却されていたり、借家にされていたり、家具はもちろん瓦まで盗まれていたり、あるいは焼失していたりと、住む家もない状態だった。流刑先からなんとか生きて帰ってきた人たちの生活は困窮を極めた。

追い打ちをかけるように、その翌年にあたる一八七四年は暴風雨に見舞われた。それは後まで「戌年の大風」として語り継がれるほどの被害をもたらした。だが、さらに深刻なことに、やがて長崎で赤痢《せきり》が流行し始めたのである。

そのとき、ド・ロはすぐに医療活動をするために立ち上がった。

ド・ロは日本に来る前、聖ジュリアン教会で働いていたが、そこでは福祉担当の職務についていて病院にも出入りしていた。彼はその時に医学と薬学について学び、医療の基礎的な知識や技術を身につけたと考えられている。

赤痢発生の話を聞いたド・ロは、薬箱を手にし、真夏に大浦天主堂から五キロ以上離れた浦上に通って患者の治療にあたったのである。彼は男女二人を一組にして救護隊を組織するなどし、患者の早期発見と隔離、石炭酸による消毒、看護、薬の調合などを指導した。

ド・ロは、単に自分が持っている知識でその場の対応をするだけでなく、今後同じようなことが起きた場合は日本人が自分たちの力で対応できるよう、知識や対応の仕方を細かく指導したのである。

彼らのおかげで、秋になってようやく赤痢は下火になった。当時の赤痢の死亡率は三〇〜四〇%が普通だったらしいが、浦上では患者二一〇名に対して死者は八名であり、死亡率は四%にとどまっている。

その後も、天然痘、腸チフス、そして再び赤痢が流行したが、そのたびにド・ロは薬箱をもって患者たちのもとへ行った。彼は自ら調合した薬を無料で配布し、人々のあいだでも「ド・ロさまぐすりはよく効く」と評判になった。

ド・ロは正規の医者ではなかったこともあり、面目を潰された村の医者は怒って駐在所に訴えたというが、それでも村人はド・ロの薬を欲しがり、彼も密かにそれに応えたようである。

†多芸多才だったド・ロ

長崎のド・ロ神父記念館には、彼がフランスから取り寄せた極めて精巧な妊婦骨盤模型も展示されている。内臓や血管などがリアルに再現された模型で、国内には数少ない大変貴重なものである。当時は新生児の死亡率が高かったので、彼は助産師教育も重要だと考えたのである。

だが、ド・ロが手がけた仕事のうち、医療活動はその一部に過ぎない。

本来、プティジャンからは石版印刷と出版事業をおこなうことが期待されており、実際にド・ロはそうした仕事もしていたが、後には、農業や食品の製造・販売などもおこなうようになった。

一八八三年、出津《しつ》に設立された救助院では、女性たちに製粉、機織、パンやマカロニ製造、搾油などの技術が教えられた。そこで作られた製品は長崎に居留している外国人に売り、そうめんや醬油は国内向けに販売された。

ド・ロが指導した農作業によって得られた物は、「グラバー園」で有名な貿易商トーマス・ブレイク・グラバーらの手も介して売買され、村の人々の生活費や救貧活動費にあてられた。

また、ド・ロはジャガイモの優良品種も輸入して栽培させ、さらにトマトや西洋イチゴなどの育て方も指導して長崎の居留外国人に売るようにさせた。クレソンの種子も取り寄せて栽培に成功させ、村人はそれを「ド・ロさまゼリ」と呼んで和え物にして食べたという。

†ド・ロの建築

さらにド・ロは、イワシ漁の方法、および潮流の変化とイワシやイカの移動状況などについても村人に教え、さらに教育事業にも熱心に取り組んだ。だが、彼が特に好きで得意だった分野は建築のようである。

彼は正規の建築学を修めたわけではないが、子供の頃に父親から大工仕事や土木工事の基礎となる技術を教え込まれていた。ド・ロは日本にやって来てからいくつもの建物を自分で設計し、かつ自ら建設作業をおこない、それらはいずれも大変優れたものだった。

彼が日本で最初に手がけた建築仕事は、大浦天主堂司祭館の屋根裏工事である。日本人の神学生たちが、そこに隠れて司祭になるための勉強をした。

ド・ロは数年間だけ横浜に滞在したこともあったが、そこでも建物の屋根裏工事をして、神学生たちの隠れ家を作ったのみならず、サンモール会のシスターたちの宿舎も建てている。

その際、ド・ロは建築資材を運ぶために自ら四頭立ての馬車まで作っている。彼はその馬車の製作者であると同時に御者であり、大工であり、左官、石工であり、指物師《さしものし》でもあった。

横浜から長崎に戻ってから着手した建築は、大浦天主堂のすぐ脇の旧羅典《ラテン》神学校と呼ばれている建物である。これは国の重要文化財に指定されており、現在はキリシタン博物館の一部となっている。現存しているド・ロの建築物としては最も古いものである。

ド・ロの建築のなかでも最も重要なのは、出津教会である。これは一八八二年に完成した後、彼自身によって増改築が加えられて現在の形になっている。台風の被害を避けるために低く造られているが、それでも十分美しく、実に立派な教会である。

この教会を建てる際の材木は、ド・ロが仲間たちとともに官林から調達した。彼らは一週間分の食料とミサの用意をもって山に登り、仮小屋に泊まり込んで用材を一本一本慎重に選んだと伝えられている。

出津教会の第一期工事が完成した後も、出津救助院、鰯網工場、大野教会を建てており、これらはいずれも長崎県の重要文化財となっている。

また、ド・ロはそうした建築物に加え、県道改修工事にも協力したり、墓地を建設したりもするなど、幅広く土木工事に手を貸した。

†枢機卿を輩出したド・ロの宣教地

もちろん建築や福祉事業のみならず、キリスト教宣教においてもド・ロの影響は後の世代まで続いている。ド・ロによって大勢の病人や貧者や孤児たちが救われたが、その土地からは司祭も多く輩出されたのである。

これまで、日本人で枢機卿《すうききょう》（教皇の顧問・補佐にあたる高位聖職者）になった者は、本書執筆時点では六名しかいないが、なんとそのうちの二名はド・ロがいた出津の出身者である。一人は田口芳五郎《よしごろう》、もう一人は里脇浅次郎《さとわきあさじろう》である。

里脇浅次郎は、有名なコルベ神父とも関係があった。

マキシミリアノ・コルベは、第二次大戦時、アウシュヴィッツの強制収容所で、見知らぬ男の身代わりを申し出て餓死刑を引き受けたことでよく知られている。

コルベはアウシュヴィッツで死ぬ約一〇年前に、日本宣教にも従事していたのだが、彼が日本に来ることになったのは、この里脇の勧めによるところが大きかったのである。

里脇はローマに留学していたときに、たまたまコルベと出会った。コルベが東洋宣教を志していると聞いて、まずは日本へ行くよう助言し、何のつてもなかった彼のために長崎教区司教に紹介状を書いてやったのである。

コルベが長崎にやって来たのは、ド・ロが死んでから約一五年後のことであった。

†私利私欲ではなく、宗教の勢力拡大のためでもなく

さて、一九世紀後半、日本にやって来た宣教師にはいろいろな人物がいた。

それぞれの個性、教育歴、赴任した地域などによって、宣教師たちはさまざまな活動をした。

フルベッキが、時には懐《ふところ》に拳銃を忍ばせつつ、近代日本の指導者たちに政治や軍事などさまざまな事柄に関する助言をしていた一方で、ド・ロの場合は、九州の片田舎で貧しい人々を励まし、具体的な生活改善に手を貸すことを自らの使命としたのである。

ド・ロは地元の人々の生活と教育の環境を整備して、彼らに自立の道を開いてやることに尽力した。疫病が流行したときも、あるいは食品の製造・販売をして貧しい人々の生活をどうにかしようとするときも、ド・ロは綺麗事を言うよりも先に現実と向き合った。

彼は率先して体を動かし、創意工夫をして一つひとつ課題を克服していく、誠実で賢いリーダーだった。

ド・ロほどの知識、技術、そして行動力があったならば、祖国フランスで十分に成功し、豊かな生活を享受することができたであろう。彼は裕福な貴族の家柄に生まれているし、知的にも身体的にも優れていた。おまけに、若い頃の彼はなかなかハンサムでもある。

だが、彼は、その財産と、能力と、人生のすべてを、日本の貧しい人々の生活を支えるためだけに用いたのだ。はじめにも述べたように、彼は二八歳で来日してから七四歳で死ぬまで、一度もフランスに戻らなかったのである。

キリスト教は、日本でネガティブなことをやらかしたのも事実である。何冊か本を読めばキリスト教の悪いところを見つけるのは簡単で、いくらでも実例を挙げてこの宗教を批判することはできる。

しかし、この信仰の持ち主のなかには、驚くほど純粋で、献身的な人生を送った者がいたのも事実である。

私利私欲からではなく、自分の教派の勢力拡大のためでもなく、二度と家族にも会わず、ただ目の前の孤児や貧者を助けるためだけに生きた人物も、少なくなかった。

一九世紀後半から二〇世紀初頭の日本で生きた「ド・ロさま」も、その一人である。

第四章
「本当のキリスト教」は日本に根付かないのか

宣教師ニコライ

1 それでも嫌われたキリスト教

†英語を学びたい日本人

日本人は昔も今も、「英語」に関心を持っている。

多くの人は外国人と英語で流暢な会話をすることに憧れると同時に、それができないことにコンプレックスを抱いていると言ってもいいかもしれない。

そんな日本における英語教育は、実はキリスト教宣教とも密接な関係にあった。

一九世紀後半の日本人は、あらためて西洋の文化や学問・知識に興味を持つようになり、特に英語が使えれば仕事で有利になると考える者も多く出はじめた。

一方、宣教師たちは宣教のきっかけを得ようと日本人と接する機会を求めていたので、特にアメリカやイギリスからやって来た宣教師は英語を教えることに積極的で、しばしば無料でそれをおこなった。

こうして、両者のニーズは合致し、当時の日本人には英語とキリスト教がセットで提供されることが珍しくなかったのである。

英語の教科書などが少なかった当時は、聖書が教材代わりに用いられることが多かったので、日本人が英語学習をとおして聖書と接するのもよくあるパターンだった。

†英語と聖書に通じていた昭和の軍人

そのような例や影響は、昭和の軍人にも見ることができる。

連合艦隊司令長官だった山本五十六《いそろく》は、三五歳の時にアメリカに駐在してハーバード大学で学んでおり、その後も再びアメリカへ渡って日本大使館の武官を務めた経験をもっている。

そんな山本は、少年時代に、長岡学校の英語教師として来日していた宣教師ホレイショ・ニューウェルが開いていた日曜学校に通っていたことが父親の日記から確認できる（鈴木範久『聖書を読んだ30人——夏目漱石から山本五十六まで』一五四頁）。

山本は一七歳で海軍兵学校に入った際も聖書を所持しており、聖書を読む理由をめぐって学友と論争をしたこともあった。信仰をもっていたわけではないようだが、聖書とキリスト教には間違いなく関心をもっていたのである。彼の聖書は、今も山本五十六記念館に遺されている。

山本五十六と同時代の軍人で、彼と同じく日独伊三国同盟に反対した一人に井上成美《しげよし》がいる。海軍きっての知性派とも言われる井上は、太平洋戦争中、人類史上初の空母同士の交戦となった珊瑚海海戦などを指揮し、海軍兵学校長にもなった人物である。

井上は、戦時中の反米英感情に基づく英語教育廃止論を退けて、きちんと英語教育を継続したことでも知られ、戦後に隠棲してからも近所の子供たちのために英語塾を開いていたのである。

阿川弘之は『井上成美』で、そんな井上の枕頭《ちんとう》の書には聖書と讃美歌があったことについて触れている（新潮文庫版、五七六頁）。だが彼自身の宗教的立場についてはどうもはっきりしない。

井上は、自分はクリスチャンではないと明言したことがある一方で、クリスチャンの友人もおり、まるで信仰があるかのような文面の書簡も交わしており、井上はクリスチャンだったと証言する者もいる。

今となってはもうどちらとも断定しがたいが、彼が持っていた日本語訳およびギデオン協会版英語訳の聖書には細かな付箋が付けられ、多くの書き込みもあり、彼が熱心にそれらを読んでいたことは明らかなようだ。

†英語教育に熱心だった宣教師たち

禁教高札が撤去されたのは一八七三年だが、それ以前から、すでに一部の日本人は英語学習を通して密かにキリスト教に触れていた。

英語教育をおこなった初期の宣教師の一人として、前章でも触れたJ・C・ヘボンが挙げられる。ヘボンはプリンストン大学およびペンシルヴェニア大学医学部で学んだ知識人で、一八五九年に宣教医として日本にやって来て、三三年間にわたって活動した。

ヘボンは施療院を開いて熱心に人々の治療にあたったが、やがて日本語の研究と辞書の編集にも力を注ぐようになった。ヘボンの妻クララも学校の教師だったので、後に「ヘボン塾」と呼ばれる私塾を開いて英語を教えた。ヘボン塾は、後に明治学院やフェリス女学院の源流となった。

多くの宣教師が日本人の青年たちに英語を教えたが、ヘボンに関して特筆すべきは、日本初の和英辞書『和英語林集成』（一八六七年）を作ったことである。

その辞書は、ヘボンがじかに接した日本人の言葉を集めたものなので、文明開化期の流動的な日本語も含まれており、近代日本語研究においても重要な文献とされている。見出しはローマ字で書かれており、そのつづりは後に「ヘボン式ローマ字」として普及していった。

ヘボンと協力して聖書の日本語訳もおこなった宣教師のS・R・ブラウンも、『日英会話篇』（一八六三年）を刊行するなどして、語学に関する仕事を精力的におこなった。彼は後に横浜英学所、新潟英学校などの教師をつとめ、私塾も開き、多くの人材を育成した。

熊本洋学校が開校したのは禁教高札が撤去される二年前だが、そこで全学科を教えていた陸軍士官学校出身のL・L・ジェーンズも、自宅で聖書研究会や祈禱会を開くなどして、英語を通してキリスト教精神に基づく教育をおこなった。

イギリスの外交官で、日本文化研究者としても著名なアーネスト・サトウは、自らの日本語学習はブラウンをはじめとする宣教師たちの先駆的な日本語研究のおかげだとも考えていた。宣教師たちによる英語教育は、彼ら自身の日本語・日本文化研究とも表裏一体だったと言える。

†教育現場で攻撃されたキリスト教徒の教師

一九世紀後半のこの時期は、日本国内でキリスト教系学校が急増している。牧師で神学者の渡辺善太によれば、一八八二年までの間だけでも、プロテスタント系の学校として、男子校九校、女子校一五校、共学三九校、神学校七校が創立された（マーク・マリンズ『メイド・イン・ジャパンのキリスト教』三〇頁）。

ところが、やがて日本の学校教育の現場では、キリスト教徒の教師が日本人から攻撃される例が多く見られるようにもなっていった。

キリスト教禁止の高札が撤去されてからもう一〇年が経とうとする頃、神奈川県のある小学校長が、生徒に修身の講話をした際にイエス・キリストについて触れた。そのことはまたたくまに父兄から村吏に伝わり、問題視され、校長は説明を求められた。

校長は、修身論にあることは新約聖書に書かれていることと同じであり、自分は文部省の指導から外れたことは教えていないと主張した。だが、児童は学校に出席しなくなってしまい、結局彼は辞職せざるをえなくなった。

一八八〇年代半ばには、他県でもキリスト教徒の教員が、校長から「基督教を信ずるならば此の小学校に教員たらしむること能《あた》わず」として、キリスト教に関する教育をしたわけでもないのに解職された例もあった。

明治期の教育現場では、こうしたキリスト教に関するトラブルが頻繁に起こったが、最も有名なのが、「内村鑑三不敬事件」である。

一八九一年、第一高等中学校で教育勅語の奉読式がおこなわれた。式の際に教員たちは最敬礼をしたのだが、内村鑑三は敬礼の仕方が不十分だったため、「不敬」だとして国家主義的教員と生徒たちから非難され、最終的に職を追われたという出来事である。

内村の事件の後も、似たことが続いた。

翌年の一八九二年。熊本英学校でなされた校長就任式の祝辞で、教員代表の奥村禎次郎が英学校の教育方針は博愛世界主義であり、国家や国籍といったものにこだわらないという主旨のことを述べた。

すると、それが世間の反感をかい、奥村は「大不敬」「乱臣賊子《らんしんぞくし》」だと非難された。そして

『九州日日新聞』によって教育勅語の精神に反するとも攻撃され、日頃からキリスト教に反感をもっていた当時の熊本県知事によって解雇されてしまったのである。

知事は別の場所で、小学校教員は教育勅語に従うべきであり、キリスト教を信仰する者は処分するとも演説したのであった。

†井上哲次郎のキリスト教批判

そのような雰囲気だった当時の日本社会において、アカデミズムの権威をもってキリスト教を攻撃しはじめたのが井上哲次郎である。

井上は医師の家に生まれ、はじめは儒教を学んでいたが、後に英語や西洋学を修め、さらに東京帝国大学で哲学を学んだ。

彼は日本で最初の哲学辞典『哲学字彙《てつがくじい》』の編纂や、哲学・倫理学に関する書物を刊行するとともに、東洋哲学も研究して東西思想を包括する体系を樹立しようとした。一八八四年から九〇年までドイツに留学し、ドイツ観念論の研究を深めた後に帰国して、日本人として初の哲学教授になっている。

そんな井上は、内村鑑三不敬事件の翌年に、教育と宗教との関係についての談話を発表し、教育勅語とキリスト教との相違点を挙げてキリスト教を批判したのである。

井上によれば、教育勅語の精神は国家主義であるが、「耶蘇教」は国家的精神に乏しいのみならず国家的精神に反するものでもあり、また忠孝の念も薄いとした。

そして、一八九三年に『教育ト宗教ノ衝突』を書き、キリスト教は日本に適合しない宗教なのだと正面からキリスト教を攻撃したのであった。

井上の主張は、一八九〇年に発布された教育勅語の影響下でなされたものである。井上は約六年間のドイツ留学を経験して愛国心の高まりを自覚していたところ、帰国してわずか二週間後に教育勅語が発布されたので、それに強い感銘を受けたようである。

井上に対しては、もちろんキリスト教側からの反論もなされ、大きな論争となった。だが、当時は珍しかったドイツ留学経験者で文学博士、東京帝国大学教授という権威によって、彼のキリスト教攻撃は学内外のキリスト教迫害を正当化することにつながった。

キリスト教に対する攻撃は、一九世紀に多くの宣教師が入ってきてすぐの頃からあったが、文明開化と欧化主義の時代はおもてに出てきにくかった。しかし、国粋主義が勃興すると、それまでの反動として反キリスト教の声も堂々とあがるようになり、教育勅語が発布されてからは、かなりあからさまにキリスト教への攻撃がなされるようになったのである。

ちなみに、それからしばらく後の井上は、『我が国体と国民道徳』(一九二六年)において「三種の神器の鏡と剣は模造品」だと書いたことによって国体論者の逆鱗に触れ、「大不敬」だと非難されて公職を辞している。

†高札撤去後も続いたキリスト教への拒絶反応

すでに述べたように、ペリー来航以来、日本に再び宣教師たちがやってきたが、しばらくのあいだ日本人にはキリスト教が禁じられたままだった。だが、それでも水面下で宣教がおこなわれ、密かに日本人の信徒も生まれていた。

一八七三年に禁教高札が撤去されるまでのあいだ、迫害にもかかわらず信仰を守ろうとする日本人がいたのだから、もちろん外国人宣教師たちはそんな彼らをかばったに違いない、と思われるであろう。しかし、現実における人間の態度や行動は、そう単純なものではなかったようである。

森岡清美によると、日本人に英語を教えてくれたブラウン、バラなど横浜の宣教師たちは、必ずしも信徒一人ひとりを迫害からかばうことはしなかった。

彼らは、国家が国法によってキリスト教徒を罰するなら、それを受けてこそ真のキリスト教徒の名に恥じないものであるから、難を避けて身の安全を図ったりせず、雄々しく紳士らしい行動をとれ、という主旨のことを言ったという。たとえ死刑に処せられようとも、それを受けてこそ真のキリスト教徒だと諭したのである（森岡清美『日本の近代社会とキリスト教』五二〜

五三頁)。

これは、現在の感覚からすれば驚くべきものであろう。しかし、宣教師たちからそのような言葉を聞いた当時の日本人信徒の一人は、キリスト教が武士道にも優る強靭な覚悟を求めるものであることを悟って、むしろ感動し、ますます信仰を堅固にしたという。

迫害にさらされ、宣教師たちに十分守ってもらえるわけでもなかったことが、かえって信徒たちの信仰を強くしたというのはなかなか逆説的である。

高札が撤去された後も、市民レベルでの迫害は依然として続いた。父親が刀を抜いて息子に「耶蘇教」をやめよと威嚇したという例もあれば、息子を「邪教」に迷わせ不心得者にしたのは自分の責任だとして自害しようとした母親の話もある。

妻がキリスト教徒の若い夫婦がおり、夫はそのことに理解を示していたが、彼女が仏壇に線香をあげたり花や食べ物を供えたりすることを嫌がったので、姑がそれを問題視し、嫁に対して離婚して実家に帰るか仏を拝むかどちらかにしろと迫り、結局離婚することになったという話もあった。

このような例は、高札撤去から一〇年が経った後でも多く見られたようである。

大橋幸泰《ゆきひろ》が指摘しているように、「キリシタン(キリスト教)は、幕末維新を挟んで近世から近代に移行する過程で、国家秩序による規制の対象から、地域秩序による規制の対象へと転換した」のである（『潜伏キリシタン――江戸時代の禁教政策と民衆』二三一頁）。

高札撤去後も迫害がやまなかったわけは、大枠としては、キリスト教がそれまでの日本の伝統的な宗教性や価値観に対する挑戦、ないし反逆と見なされたからではないかと考えられる。

当時のキリスト教は、士族の倫理的背景をなしていた儒教も、庶民の生活とも不可分な天神地祇の祭りも、そして仏教も、みな偶像崇拝として排斥しようとした。さらに、神の命令を最重要視するあまり、政府の命令はもちろん、父母家族よりも信徒仲間との絆を大切にする傾向もあった。

要するに、これまで人々が大切にしてきた伝統的な価値観や倫理観を軽視する、あるいは壊してしまうと思われたので、人々から警戒され、嫌われたのである。

†キリスト教の側も不寛容だった

しばしば、キリスト教徒たちは、キリスト教に対する迫害の歴史を、自分たちが受けた「苦難」として、すなわち被害者という意識から回想・言及する傾向にある。キリスト教徒の置かれた状況は確かに過酷であったので、そうした捉え方を一概に否定することはできない。

しかし、キリシタン時代に、イエズス会宣教師たちが日本人キリシタンに寺院や仏像の破壊・焼却を指示するなどしたのはすでに第二章でも述べた通りである。

明治に新たにキリスト教徒になった日本人たちも、かつてのキリシタンたちの蛮行をいちいち「反省」「謝罪」することはなかったし、彼ら自身もなお、日本における既存の宗教や伝統的価値観に対して批判的で排他的であった。

同志社をつくったことで知られる新島襄《にいじまじょう》にも、そうした傾向は見られた。

新島が長期のアメリカ滞在から帰国すると、実家の両親は彼の無事の帰宅に感激し、畳の上に涙を落として喜んだ。そして新島は、アメリカで自分に親切にしてくれた人はクリスチャンだったことを丁寧に伝え、自分たちも、唯一の神、宇宙の創造者である神を礼拝すべきであると語った。

その時、さらに彼は、自宅にあった木や紙や青銅などで作った神々を棚から下ろし、それらをことごとく焼き捨ててしまったのである（『新島襄――わが人生』一五八頁）。新島は、あくまで神は一つであってそれを拝し祈るべきであって、そのためには他の神仏は偶像崇拝として排斥するしかないと考えた。先祖を敬うことは子孫のつとめだが、それを拝したり祀ったりするのは誤りだとしたのである。

初期の教会員たちの多くも、新島のように、神棚や仏壇などを取り払い、焼却するか、あるいは蔵にしまいこむなどした。

決して、異なる宗教との平和的共存を訴えていたキリスト教が一方的に排斥されたというわけではなかった。いちおうそのことも覚えておかないと、偏った見方をすることになるだろう。

二一世紀現在では、宗教が異なっても互いに尊重し合っていこうという価値観がありうるが、当時はまだ、異なる宗教が衝突を回避して仲良く共存しようとするような雰囲気は希薄だった。むしろ、自分の信仰の強さや純粋さを、他の宗教的伝統との決別ないしは排斥という形で表現しようとする者も多かったのである。

ただし、キリスト教徒のなかには、祭日にも神社へ参拝はしないけれども、祭礼の準備当番などには近所づきあいとしてきちんと参加し、神社の維持費として徴収される初穂料なども、村で暮らしていくうえで必要なつきあいとしてきちんと支払っていた者もいた。伝統的な神仏に対する態度には、もちろん地域差や個人差はあったようである。

†村八分と葬儀の妨害

仏教はさまざまな形でキリスト教を攻撃したが、真宗教団は特に地方において、キリスト教をそれぞれの地域から排斥して締め出す盟約を結ばせることがあった。いわゆる「村八分」である。

例えば、一八八三年、和歌山県の黒江村にアメリカ人宣教師がやってきて伝道を開始すると、真宗の僧侶が村じゅうの戸主を実印持参で寺の本堂に集め、五箇条の盟約を結ばせたという。

その五箇条とは、①公義を重んずべきこと、②真宗を確守すべきこと、③邪教の徒とは交際しないこと、④邪教の徒に家宅を貸さないこと、⑤邪教の説教場へ立ち寄らないこと、である。また、伝道者を村に招いた者は、村から追放することも協約したという（森岡、前掲書、二〇一頁）。

一八九七年の石川県でも、やってきた日本人の宣教師に対して町ぐるみで排斥の申し合わせがなされた。その宣教師とは挨拶も会話もしてはならず、自分たちの子供がその宣教師の子供と遊ぶこともないように厳しくしつけよ、といった協約もなされたのであった。

宗派を問わずになされたキリスト教徒に対する嫌がらせとしては、葬儀と埋葬の妨害が挙げられる。一八六七年に浦上キリシタン事件（浦上四番崩れ）があったが、その最終的なきっかけは、浦上の信徒が信仰の指導をフランスから来た神父に仰ぎ、信徒の葬儀も聖徳寺の僧侶の立ち会いを拒絶して「自葬」をおこなったことであった。

そうした葬儀をめぐるトラブルが少なくなかったため、政府は一八七二年の太政官布告第一九二号で、最近「自葬」をする者がいるようだがそれは許さず、必ず神官僧侶に頼むようにという主旨の通告を発している。

キリシタン禁制高札の撤去は、そもそもキリスト教の公認でも許可でもなく「黙許」に過ぎなかったが、高札が撤去された後も「自葬」を禁じるこの布告はそのままだったので、実質的にキリスト教禁制は続いていたと言ってもいい。

キリスト教による葬儀が認められるようになったのは、禁教高札の撤去からさらに一〇年以上も経ってから、一八八四年のことである。だがその後もまだ難関があった。

死者を弔う際には、葬儀に続いて遺体の埋葬がなされねばならないが、その場所、つまり墓地が問題になったのである。寺院は境内外の墓地を所有、管理していたので、それらの場所にキリスト教式で埋葬することは拒否したのである。

一八九一年に開かれた全国仏教者大懇話会では、寺院境内および付属の墓地は、他宗教のものに貸与しないと決議をするなど、法的根拠はなくても結託してキリスト教式埋葬を排斥する規約が作られた。

葬儀と埋葬についてキリスト教を締め出そうとする仏教側の試みは、純粋に宗教的信仰の問題にのみ起因していたわけでもない。檀家を失うという面子の問題もあり、それにともなう経済的損失という問題もあったので、相当の墓地管理料を支払うことで埋葬が許された地域もあったようである（森岡、前掲書、二〇六頁）。

また、キリスト教徒でありつつも、同時に檀那寺《だんなでら》との関わりを維持するという姿勢がとられることも珍しくはなかったようだ。山梨県下では、葬儀の場合キリスト教式の儀礼に加えて、寺僧による簡単な供養も受け、寺の経費も分担するという例もあった。

真宗はそうした二重帰属を認めなかったようだが、他の多くの宗派は、キリスト教側が仏教を排斥しようとする態度をとらず、さまざまな場面での寺との関わりをこなすならば、大目に見たという。

ニコライというロシアからやって来た正教会の宣教師の日記にも、当時の葬儀をめぐるトラブルについて書かれている。ニコライは、一八八一年五月二四日付けの日記に、「三年ほど前に起こったキリスト教式の埋葬を口実としたかれらへの迫害は、とりわけキリスト教徒たちを怯えさせることになった」と記している。

2 宣教師ニコライと日本人

†宣教師ニコライ

今、ニコライという人物の名を挙げたが、彼は数少ない正教会の宣教師としてのみならず、当時日本にいたキリスト教徒全体のなかでも注目すべき一人である。

今現在の日本におけるキリスト教徒の教派の内訳は、プロテスタントが約六割、カトリックが約四割、とされており、正教会は省略されてしまうほど少数派だ。

しかし、一八九八年の内務省の調査によれば、当時のキリスト教徒は、カトリックが五万三九二四人、プロテスタントが三万九四八二人、正教会は二万五二三一人であり、正教会もかなりの存在感を示していたのである。

禁教が解かれる前から日本にやってきていたニコライは、どうやらなかなかの秀才であるうえに、個性的で人間味も豊かな人物であったようだ。

彼は膨大な日記を書き残したことでも知られており、そこに記された日本人や日本社会についての観察、および彼の感想は、当時のキリスト教事情のみならず、日本社会の状況を知るうえでも重要な史料とされている(中村健之介監修『宣教師ニコライの全日記』全九巻)。

ニコライは、一八三六年に生まれた。坂本龍馬とも同じ年である。慶應義塾を作った福沢諭吉や新撰組の土方歳三《ひじかたとしぞう》はニコライより一つ年上で、江戸幕府最後の将軍・徳川慶喜はニコライの一つ年下にあたる。

彼は一八六一年、二五歳のときに、馬車でシベリアを横断し、最後はロシアの軍艦に乗って海を渡って来日した。それはペリーがやってきた八年後のことである。それから七六歳で死ぬまで、残りのほぼ全生涯を日本での宣教に捧げた。

ニコライは極めて流暢に日本語を話し、日本人をよく理解してくれた。彼は日本各地を旅したため、津軽弁から熊本弁まで聞き分けることができたという。

ニコライが来日したときは、まだ日本で禁教令が解かれていなかったので、彼は宣教ができるようになるまでの約七年間、日本語と日本文化について猛烈に研究をした。彼は『古事記』や『日本書紀』も読みこなすようになるなど、学者レベルの知識を身につけていった。日本史、仏教、儒教などにも造詣が深く、法華経などの仏典まで原語で読破し、後に日本の神学生たちにそれらについて講義もしたほどである。

彼の名は、現在もニコライ堂（東京復活大聖堂）でよく知られているが、それが完成したのは、先ほど述べた内村鑑三の「不敬事件」と同じ年である（一八九一年）。

ニコライはその建設資金を募るためにロシアへ一時帰国をしたことがあるが、その際には、当時五八歳だったドストエフスキーの訪問も受けている。ニコライはロシアの雑誌に日本の文化や日本で観察した物事について寄稿していたため、ロシアでも日本学者として知名度があり、注目されていたからである。

以下では、中村健之介らによる先行研究を参照しながら、ニコライを軸に当時の日本のキリスト教事情を見てみよう。

†日露戦争と日本の正教会

一九世紀後半の日本において、正教会はそれなりの存在感を示していたと述べたが、決して宣教師が多かったわけではない。むしろ、カトリックやプロテスタントと比べると極端に少なかったのである。

ニコライが日本にやってきてから一六年後にあたる一八七七年のデータによれば、当時の在日外国人キリスト教宣教師の数は、カトリックが四五名、プロテスタント各派の合計が九九名であったのに対し、正教会は歌唱教師を含めても四名しかいなかった。

ロシア人宣教師は他教派と比べて明らかに少なかった。だがそれでも正教会は日本人の「伝教者」を多く養成し、日本人自身に各地で宣教させることによって信者を獲得していたのである。

ところが、日清戦争が終わり、いわゆる三国干渉や日露戦争（一九〇四～〇五年）の時代になると、正教会は日本国内で厳しい立場に置かれるようになった。

衝突の相手がロシアであるがゆえに、正教会関係者は日本の人々から「露探《ろたん》」（ロシアのスパイ）の嫌疑をかけられ、人々から猜疑の目で見られ、暴力的な迫害も受けるようになったのである。

日露戦争が始まる以前から、信徒たちは日本人から、ロシア人と同じ信心なのだからロシアの味方をしているに違いない、などと罵倒され、殴られる者も多かった。信徒の子供たちは学校でもいじめられ、神父や教役者たちは教会を追い出されて行方不明になったり、正教会信徒の墓が倒されたりするなどの被害もあった。

そこで、日本人の正教会信徒は、自分たちが決して「露探」でも「国賊」でもないことを必死にアピールするはめになった。

正教本会事務所では、日露戦争が始まる前から刊行物を出して「日本国家への忠誠とキリスト教信仰は矛盾しない」と力説し、戦争が始まってからも冊子を刊行して「我は断じて露探に非ず、我が日本帝国の忠良なる臣民なり」と主張している。

さらに、正教会の神学校教師たちはわざわざ『日露軍用会話』を作成して軍に献上し、祖国への忠誠を表そうともした。

だがそれでも正教会信徒であるがために店に客足が途絶えてしまい、仏教徒に戻ってしまう者も出た。日露戦争は仏教とキリスト教との戦いだと言って、正教会を攻撃してくる仏教徒もいたようである。

†戦争と宗教と愛国心

こうした「宗教間の戦い」という構図は、今の私たちの目には全く愚かに見えるが、当時はロシア自身も世界に対し、この戦争は「キリスト教徒対異教徒」の戦いであるとアピールした。それによって日英同盟にヒビを入れ、欧米での外債募集を阻害することなどを意図したからである。

そこで日本政府は、これは宗教間の戦いではなく「文明対非文明」の戦いである、という構図を提示し、むしろキリスト教、特に正教会をしっかり保護することによって、ロシア側の意図を打破しようともした。

ニコライが開戦後も日本に残留してくれたことは、日本政府にとっても都合がよかった。彼が退去してしまえば、この戦争が宗教的色彩を帯びてしまうことにもなりかねなかったからである。

そこで、ニコライが外出する際には、護衛警官が付き添い、暴動が起きそうな時には、宣教団の敷地やその周辺に一個中隊にも匹敵するかと思われる数の兵隊が配備されたこともあったという。当時のニコライの日記にも、教団を守る警察などに対する感謝の気持ちを述べた文章が見られる。

戦争中に捕虜になったロシア将兵は全国二七カ所に収容されたのだが、日本政府はそこでも捕虜を厚遇するよう努めた。日本の正教会も、ニコライの指導のもとで各収容所に司祭を派遣し、聖体礼儀やその他の祈りをロシア語でおこなったのである。

ところで、ニコライは日本に留まることを決めた際の訓示で、日本の信徒たちに対し、あなたたちは日本の勝利を祈りなさい、そしてもし戦いに勝ったならば感謝の気持ちを祈りなさい、という主旨のことを述べていた。

しかし、日本のことを心底愛してくれていた彼も、戦争が始まって次々と日本軍の勝利が報じられていた時は、ロシア人としての愛国心を意識せずにはいられず、一人で苦悩していた。ニコライの日記には、日々の戦闘で日本軍が勝利したという報道を目にするたびごとにショックを受けたことが率直に綴られている。彼は、ロシア惨敗の知らせは気分が落ち込むので、今後は新聞を読むのは三日に一度にしようとも述べている。

彼は命をかけて日本人を愛し、一生を日本に捧げ、心から平和を祈りつつも、祖国ロシアを愛しく大切に思う気持ちも捨てきれず、孤独に葛藤を抱えていたのである。

ニコライは、ある戦闘でロシアが破れたと知った日の日記に、「わたしの悲しみは複雑だ」「いかにわたしがかれら〔日本人〕を愛しているにしても、いまはかれらとはいっしょになれない。祖国のほうが愛しいし大切だ」とも書いている（一九〇四年四月五日付日記）。

そんなニコライの気持ちを知ってか、日本人の信徒や教役者たちは、ニコライがいるところでは戦況について話をすることは避けるようにしていたようである。

平和への思いと愛国心をめぐる葛藤・矛盾は、内村鑑三にも見られる。

内村は、日清戦争は「義戦」として肯定したが、それ以後は全面的に戦争に反対し、最後まで「非戦論」を唱え続けた。彼は、聖書を引用して戦争を正当化する日本の牧師たちのことも厳しく批判した。

だが内村は、日露戦争時、旅順港《りよじゆん》での日本海軍の勝利を知ると「隣り近所全体に聞こえるほどの大声で、「帝国万才」を三唱しました」と知人に宛てた手紙でわざわざ書いている。

私たちは、あの非戦論の内村でさえ戦時にあってはそのような心情や衝動に駆られたということを、謙虚に受け止めておくべきであろう。

当時、多くのプロテスタントの牧師たちは日露戦争に協力的であった。新島襄の門下である海老名弾正は、当時の牧師のなかでも特に日露戦争を積極的に肯定したことで知られている。同じく牧師である本多庸一《よういつ》や小崎弘道は、軍隊へ「慰問使」を送ることなどについて軍部と交渉し、軍人向け小冊子の配布、募金活動にも協力した。本多庸一と井深梶之助《いぶかかじのすけ》は、日本が正義の戦争をしているということを訴えるために、わざわざ欧米にまで足を運んだのだった。

†プロテスタントの宣教師は「ろくでなし」

日露戦争中は、日本国内のプロテスタント宣教師のなかにロシアに対する嫌悪と軽蔑をあらわにする者も多く、ニコライはそれに強い反発を感じていた。

ニコライの日記によれば、小崎弘道は大日本宗教家大会で「日本は二〇世紀の文明国」であるのに対し、「ロシアは一六世紀の野蛮国」だと言ったという。当時はロシアに対する中傷が盛んになされたが、「とりわけ激越であったのはプロテスタントの小崎」だとニコライは日記のなかで名指ししている。

また、仏教界の代表だった大内青巒《せいらん》は、「日本人は黄禍《こうか》などではまったくない。日本人は黄色い肌の下に白い心を持っている。ロシア人こそ黄禍なのである。彼らは白い肌の下に黄色い心をもっている」と述べたという（一九〇四年五月三日付日記）。

ニコライによれば、ロシアの敗北を全世界が喜んでいるとしたうえで、「とりわけあからさまに喜んでいるのはプロテスタントの宣教師たち」だという。

彼の認識では、「かれら〔プロテスタント〕のてんでんばらばらな意見の説教は、猫が鳴き交わしているようなものなのだが、日本ではそのへたな歌を自由に歌わせてもらえるので、日本を大いに持ち上げている。そしてロシアではそれが許されないので、ロシアを呪っている」というのである。

プロテスタントの宣教師たちに対するニコライの苛立ちはかなりのもので、彼は続けて次のように書いている。

プロテスタントの宣教師たちはみんな、自分たちの憎しみの毒をロシアに浴びせかけている。そのろくでなしぶりはまったくあきれるばかりだ。実際に敵になっている日本人のほうが、このキリストの教えを説いている連中よりもはるかに人間的だ。（中略）イギリス人とアメリカ人ときたら、とりわけその宣教師たちときたら、みんな、人間を憎むという悪魔の罪に喉元までどっぷりつかっている。（一九〇四年八月一日付日記）

同じ「キリスト教徒」でも……

生前、ニコライはプロテスタントの宣教師たちと基本的には良い関係を築いていたようだが、日露戦争中は別だった。彼の日記からプロテスタントとカトリックに対する憤りや批判の部分を抜粋したら、それだけでもけっこうな分量になるだろう。

傍目には同じ「キリスト教徒」でも、国や教派が異なる宣教師たちの関係はわりと複雑だったのである。

一七世紀初頭の日本では、同じカトリックのなかでもイエズス会とその他の修道会が対立的な関係にあったが、二〇世紀初頭の日本では、プロテスタントが正教会を意地悪く小突くような一面もあったのだ。

そういえば、一六三七年の島原天草一揆の時は、原城に立てこもったキリシタン（カトリック信徒）たちに対して、オランダのプロテスタントたちが海側から艦砲射撃を加えたこともあった。彼らはその見返りとして、ポルトガル船を日本から締め出して貿易を独占できるようになることを期待したからである。

日本の非キリスト教徒の方々からすれば、同じ「キリスト教徒」なのだから仲良くすればいいのにと思われるかもしれないが、宗教が同じというだけで仲良くできるほど、人間は単純ではないのである。

西洋史においてはよく見られる話だが、日本キリスト教史というごく狭い枠組みでも、同様のことが観察できる。

†ニコライの日本人理解と期待

ところで、ニコライは日本という国をどう見ていたのだろうか。

ニコライは日本に来て八年ほどしてから、三三歳の時に一時帰国して、ロシアの雑誌に自分が見た日本に関するレポートを書いている。

それは『ニコライの見た幕末日本』（中村健之介訳）という題で翻訳もされており、彼の初期の日本観がわかる興味深い史料となっている。そこからは、彼が基本的には希望と敬意をもって日本を見てくれていたことがうかがえる。

ニコライはまず冒頭で、日本は「東洋的ではない」と述べている。当時のロシアにおける「東洋」のイメージは、無知や愚鈍といったネガティブなイメージとつなげられることが多いものだったが、日本はそうではないというのである。

日本の教育は、高度であるとは言えないものの、その代わりに国民の全階層にむらなく教育がゆきわたっており、人々はとてもよく本を読むことを、ニコライは驚きをもって報告している。

彼は、「読み書きができて本を読む人間の数においては、日本はヨーロッパ西部諸国のどの国にも退《ひ》けを取らない」(一五頁)と述べている。

そして、多くの青年たちが外国へ出る機会を得ることに必死になっており、特にヨーロッパを見たい、知りたい、学びたい、という意思は熱烈だという。日本人の知的レベルは高く、学習意欲も高いというのである。

日本人の宗教意識については、「日本人もまた無神論の民である」としたうえで、その原因について次のように述べている。

「この国の上層社会の無神論と下層社会の宗教に対する無関心とは、まぎれもなく、宗教の教義の貧弱さから来ている。すなわち、国民が宗教の教義の力をすっかり使い果たして、もはやそれによっては満足が得られない、という所に原因がある」(二二頁)。

ニコライは、日本の文化や宗教についてよく学んでおり、神道、仏教、孔子の教えなどについても細かく解説することができている。しかし彼もまた、他の宣教師と同様に、日本の宗教を一段低いレベルのものと見る傾向はあったと言える。

彼は「日本の諸宗教はあまりにおくれているか愚劣であって、国民を納得させることができない」とも述べている（六七〜六八頁）。

ただし、それは必ずしも、日本人そのものを低く見ていたことを意味するわけではない。彼は同じ箇所で、「日本国民はきわめて賢く、成熟しており、しかも新鮮な活力を持っている」とも述べているからである。

†日本人のキリスト教迫害に理解を示したニコライ

ニコライは、ザビエルから始まった日本におけるキリスト教宣教のプロセスについて、大枠では正確に理解していたと思われる。

ニコライによれば、信長は自国の宗教を一つとして信じていなかった。信長は宣教師たちと関係を結ぶことによってもたらされる利益を見抜いたからこそ、彼らを歓迎したのだという。信長は「宿敵であった坊主たちを腹の底から嫌って、そのため仏教を激しく憎んでいたから」キリスト教の宣教の権利を認めてやったのだとしている。

興味深いのは、ニコライは秀吉以降の日本がキリスト教を禁止したことについても、一定の理解を示しているところである。

ニコライは、かつてのヨーロッパ人が遠くに新たな国々を「発見」してそこへ乗り込んでいったことは、その国々の人々にとっては「苛酷な天災」であったとしている。イスパニアの武将たちは厚顔無恥で狡猾で、現地人のあらゆる権利を踏みにじり、自由だった人々を悲惨極まりない奴隷にした。そして、宣教師たちも征服者たちに同行し、征服者たちがあたかも十字架の栄光のために行動しているかのごとく振る舞った。こうした事実を、ニコライは実に素直に認めているのである。

ニコライは、「炯眼《けいがん》の秀吉」が「自分の国がそれら征服された国々と同じ運命を辿らぬように、その教訓に従って断固たる手を打たないでいたはずがあろうか」と述べている。秀吉はキリスト教を知っており、むしろ高く評価していたのだが、それにもかかわらず禁止にした。その理由は、ニコライによれば、「ヨーロッパ人の貪欲な欲望から自国を守る」ためだったのである（七三〜七五頁）。

秀吉たちの目には、キリスト教の半分は危険な政治的策謀であると見えたので、あくまでもヨーロッパ人を追放するためにキリスト教を追放したのだろうとしている。そしてニコライは、キリスト教を迫害した日本人を非難することはできないとも述べているのである。

彼は、日本人は「分別を失ったネロやガレリウスのような連中とは違う」と言い、「彼ら〔日本人〕の目に、キリスト教の半分は極めて危険な政治的策謀であると見えたのは、一体誰の責任なのだろうか？」」（七五〜七六頁）とも問うている。

日本人には「宗教的な渇き」がないのか

以上のように、三〇代のニコライは、これまでの日本史におけるキリスト教についてはリアリスティックな認識をもっていたが、自分がこれからおこなおうとしている宣教活動については楽観的に考えていたようである。

熱狂的に外国のものを学び取り入れようとしている日本人たちが、キリスト教が「妖術」でも「反政府の教え」でも「他国を征服するための尖兵」でもなく、「地上で唯一真正な宗教」であるということに気付くのに、さほど時間はかからないだろうというのである。

ニコライによれば、今のところ日本人は、汽船や大砲など、ヨーロッパ文明の表面的な部分に心を奪われている。しかし、さらにその先に進んでさまざまなことを学べば、あらゆる場面でキリスト教と出会うのだから、すぐにこの宗教の本当の姿に気付くであろう、と考えていたのである。

当時の彼は、日本人の好奇心、情熱、学習意欲には目をみはるものがあり、必ずやこの国民はキリスト教を受け入れるだろう、と前向きに状況を捉えようとしていた。

ニコライが一時帰国して日本事情を紹介したのは、日本における本格的な宣教開始を呼びかけ、日本宣教団を設立するためでもあった。

したがって、日本にキリスト教が根を下ろしうることをアピールするのは当然といえば当然なのだが、しかし明らかな嘘を言うわけにもいかないので、基本的にはこうした理解はニコライの本心と考えてよいのではないかと思われる。

ニコライは日本で宣教活動を進めるなかで、一方では大きな期待と希望を抱き、現にそれなりの成果をおさめていたが、実は同時に、「本当のキリスト教」は日本には適さないのではないか、という思いにとらわれることもあった。

ニコライの宣教事業が軌道にのると、ロシアの聖職者たちから日本で働きたいと希望するものが増えてきた。しかしニコライは、いかに信仰深くても十分な神学教育を受けて議論に長けた者でなければ、日本人を引きつけるのは難しいと考えていた。彼は日記に次のように書いている。

日本は実際の話、まだほんとうのキリスト教にふさわしい国になっていないのではないか、という思いがいよいよ募る。日本人、とりわけ上層の日本人は、もっぱら西欧文明だけを追いかけており、信仰のことなど、かれらはこれっぽっちも考えず、支援しようなどとも考えていない。(一八八五年一月一一日付日記)

ニコライの日記には、プロテスタントが日本人には「一番都合がいい」という記述が何カ所も見られる。一八八七年六月五日付けのニコライの日記には、丸一年も正教会の伝教学校で学んだ男が急にプロテスタントに移ると言い出したことについて、ショックと絶望を感じたことも記されている。

中村健之介は『宣教師ニコライと明治日本』で、「ニコライは宗教を伝えたかったのに、日本人は文明と上昇志向の魅力に惹かれていた」と指摘している（二三五頁）。

中村によると、ニコライは来日してすぐに、日本の知識人は「本当の宗教」には入れない体質の人たちであり、熱心に神道の優位性を説いている「神道の釈義家たち」でさえ、実は宗教を信じているのではない、と感じてもいたようだという。

ニコライは、自分が感じているような「宗教的な渇き」というものが、日本の知識人にはないのではないかとも考えていた。

日本の庶民の宗教的感情

その一方で、ニコライは庶民のなかに残っている宗教的習慣や宗教的感情には好感を持っていたようだ。

日本各地をまわった彼であるが、しばしば目にする稲荷や地蔵についても特に否定的な反応はなく、むしろそうした信仰が残っているということはキリスト教の伝道に適しているというふうに考えたのである。そのあたりの反応が、ニコライはキリシタン時代のイエズス会宣教師とは異なっている。

ニコライは、農村や漁村に暮らす知識人階級ではない庶民たちに共感を覚えていた。彼は、一八八九年八月四日付けの日記に次のように書いている。

日本――それは明らかにキリスト教を受け入れるべく神慮によって準備された国だ。ここの上層階級はたしかに地上の享楽の霧につつまれ、いかなる宗教をも必要と感じていない。中層階級はもう少しましだ。宗教の必要性を感じている。少なくとも、民衆を管理したり、その種のことのための手段として。しかし、下層の、民衆の階層は宗教のことを、心になくてはならない欲求として、単純素朴に考えている。

明治の正教会信徒たちは「下層」の人ばかりではないし、ニコライたちがことさら「下層」をターゲットに布教活動をしたというわけでもない。ただ、中村の前掲書によれば、「ニコライにとって、知識人もどきの牧師たちが議論しているプロテスタントのキリスト教よりも、日本の庶民が帰依している仏教のほうが、まぎれもなく宗教であった」（二四二頁）のである。

牛丸康夫の『日本正教史』でも、この時代の日本におけるキリスト教の受け止められ方について触れられている。牛丸によれば、明治の日本では、正教会に限らずキリスト教それ自体が、精神的なものとしてではなく、単に「先進国の進んだ文化」「なにかハイカラな知的文化」として受け入れられる傾向があったことは確かであるという。

ニコライが念頭においていた「信仰」と、日本人がキリスト教に期待していたものとのあいだには大きな違いがあり、彼もこのギャップを常に感じていたようである（五七頁）。

†ニコライの失望と成果

ニコライには、日本の神学生や神父の質に対する失望もあった。

彼は日記に、「生徒たちも無能でお粗末」で、「われわれの学校に潜り込んでくるのは、どこにも行き場のない連中ばかりだ」（一八八九年八月二四日付日記）とも書いている。当時の日本人神父の質が良くないことについてぶちまけている箇所も実に辛辣だ。

例えば、一八八九年八月四日付けの日記では、誰々神父は「性根が悪い」、誰々神父は「頭が悪い」、誰々神父は「怠け者でやる気がない」「ものの役に立たない」とすべて実名で挙げており、ある一人については「いっそいないほうがましだ」とまで書いている。

さきほども述べたように、丸一年も正教会で学んだにもかかわらず、あっさりプロテスタントに移ってしまう者もいた。卒業間近になって理由もなく学校を去ってしまう神学生が九名も出る年もあった。

しかしニコライは、「かれらはまったく無能」だったので、去っていったことはあまり残念ではないとも述べている（一八九〇年五月八日付日記）。酔っ払って騒ぎを起こしたことに端を発するトラブルで、一度に六名もの退学処分者を出した年もあった（一八九二年五月一九日付日記）。

ただし、その一方で、ニコライの門下からは非常に優秀な人物が出たことも忘れてはいけない。

ニコライのもとでロシア語を学んだ後に、東京外国語学校でロシア語の助教授になり、文部省の露和字彙編集業務などに従事した後にペテルブルグ大学に職を得て、そこで日本語を教授した者もいた。

また、東京のロシア語学校を経て正教神学校に入り、ペテルブルグ神学大学で学んだ後に帰国して正教神学校の教授となるが、さらにそれから陸軍士官学校、陸軍大学校のロシア語教授になったという者もいた。

他にも、ニコライの門下生からは、ロシア語教師のみならず、トルストイ、ゴーリキー、チェーホフなどのロシア文学、そしてロシアの音楽や美術を学び、日本に紹介する者も多く生まれたのである。

ニコライの影響力は狭い意味での「宗教」にとどまらなかった。彼の日本での宣教は、結果的に研究者や教師を輩出して、日本人の文化的視野を拡大させることにもつながったのである。

†時代の流れに恵まれなかった正教会

一八八〇年代から九〇年代にかけては、なんとか宣教の成果をあげていた正教会であるが、日露戦争以降はどうしても時代の流れに恵まれなかった。

前にも述べたように、日露戦争の時から、正教会は「露探」とみなされて日本国民の露骨な反感や敵意にさらされた。厳密には、その約一〇年前の日清戦争終結後の三国干渉によって、すでに日本人の対ロシア感情はかなり悪いものになっていたのである。

そして、ニコライが死んで五年後、一九一七年にはロシア革命が起きてロマノフ朝が崩壊し、ソ連の内部で教会への迫害が起きた。結果的に本国から日本の正教会に対する資金援助が途絶え、財政的にはそれが大きな打撃になったのである。

また、やがて日本国内でも共産主義に対する弾圧が強まるのに合わせて、正教会も「アカの国の宗教」として敵視され迫害された。

近藤喜重郎《きじゅうろう》は『宣教師と日本人――明治キリスト教史における受容と変容』のなかで、ニコライが当初から日本人伝教者を宣教活動で中心的に用いたことを挙げ、それは正教を幅広く多様な社会層に広めることには貢献したが、その一方で、日本正教会の教勢拡大に限界をもたらしたのではないかと述べている。

そして近藤は、日本正教会の教勢拡大が一九〇〇年代から停滞していった原因について次のようにまとめている。

すなわち、日露戦争など外的な要因があったのは確かだが、同時に、信徒の増大と社会の方向性の変化にともなう新世代の伝教者の不足など、内的な問題もあった。そしてさらに、最初の世代の影響の他、資金も人材も拡散してしまい、「信徒のケア、信仰のメンテナンスが十分に行き届かなくなってしまった」ということも挙げられるとする（五一頁）。

伝教者間の連絡や信徒との協力が十分でなかったために、信徒の引越しなどにともなって教会としての交流を喪失してしまったこともあるとしている。

また、第二次大戦後の日本正教会の教勢がずっと横ばいにとどまったことに関しては、近藤はGHQの干渉があったことも指摘している。

日本の正教会はGHQの干渉により、ロシア正教会の支援を受けられなくなったものの、アメリカ正教会の支援は受けている。しかし、当時のアメリカでは旧ソ連派と独立派、亡命派のあいだで大論争があったので、カトリックやプロテスタントのように日本教会の教勢を拡大させるほどには支援できなかったのではないかとも考えられるようだ（六五頁）。

このように、正教会の日本宣教には、その組織や活動方針に関する問題の他、時代のめぐり合わせとしか言いようのない出来事の影響もあった。

一言では言い尽くせない複雑な状況のなかで、ニコライとそれ以降の人々は苦悩し、葛藤したのである。

†ニコライという男

ニコライの日記を読んでいて、気の毒になってくるのは、彼の孤独である。

プロテスタントやカトリックの宣教師たちは、それぞれ仲間が多かったので、辛いことや悲しいことがあっても互いに話をして、慰め合うことができた。カトリックやプロテスタントの宣教師は、常に何十人も来日していたからである。

しかし、正教会の宣教師は多い時でさえ四〜五人で、ニコライ一人の時もかなり長かった。ニコライはしばしば一人ぼっちで、悩みや悲しみを分かち合う友がいなかったのである。彼はその寂しさを、ただ神に訴えるしかなかった。食生活も質素で、彼は朝食を摂らず、一日一食だったとも伝えられている。

彼の日記を見ると、多少短気で口の悪いところはあるけれども、慎重に読めば、むしろそれは正直でまっすぐな性格だったともとることができ、実際に接したらなかなか魅力のある人柄だったのではないかとも思われる。

ニコライの何十年間にもわたる日本での生活を支えたのは、ただ一つ、日本にキリスト教を伝えようという使命感であった。

当時はまだ、ただでさえ反キリスト教の雰囲気が濃厚な時代だったが、それに加えてロシアに対する偏見も強かった。ロシア人でしかもキリスト教の宣教師であれば、日本の極端な愛国主義者たちによって暗殺される危険も極めて現実的なものだった。気を張っていなければやっていけない時代だったのである。

正教会初の日本人司祭となった沢辺《さわべ》琢磨《たくま》は、ニコライについて、「その性質は火玉の如く急劇」だと評した。だが、ニコライには同時にかなり繊細なところもあって、誰かに対して怒った日は、すぐにそれについての反省を日記に記すなどしており、内省的な傾向も強い。

他の宣教師たちと同様、ニコライほどの秀才であれば、母国で学者として物心ともに恵まれた生活を送ることもできたであろう。何十年にもわたって書き続けられた膨大な日記における彼の観察眼と、内面を告白する際の表現などを見ると、彼はきっと作家としても成功したのではないかと思われる。

しかし、彼は宣教に生きることを使命とした。もうロシアに帰ってしまいたいと思ったことは何度もあったようだが、しかし、最後まで日本で生き、日本で死んだ。実に温かく、日本人を愛してくれた。

二四歳のニコライが、単身でペテルブルグを出発し、日本に向けてシベリアを横断した時は、まだシベリア鉄道はなかった。彼は馬車に乗ってひたすら東に進み、途中からは船で水路をつかって進んだ。当然時間がかかり、途中で冬を越さねばならなかったので、その旅には約一年を要した。

昼も夕も馬車に揺られ、白い息を吐きながら、若きニコライはどんな思いで地平線を見つめていたのだろうか。

本名（俗名）、イワン・ドミートリエヴィチ・カサートキン。聖名《せいな》「ニコライ」。かつての日本では、彼のような強烈な個性を持ったロシア人宣教師が約五〇年ものあいだ奮闘していたことも覚えておきたい。ニコライは、今も日本の土の中で眠っている。

第五章

「キリスト教」ではなく「キリスト道」?

宣教師フルベッキ

1　その宗教の日本語名は「キリスト教」

†「キリスト教」という呼称を疑う

本書では、これまで「キリスト教」という呼称を当たり前のように使ってきた。だが、そもそも、その宗教の日本語名は「キリスト教」でいいのだろうか。

かつての日本人は、ザビエルによって伝えられたその宗教や信徒のことを「バテレン門徒」「キリシタン」「ダイウス門徒」「南蛮宗」「天主教」「耶蘇《ヤソ》宗門」「異宗」「異法」「洋教」「西教」などさまざまな名称で呼んできた。

「キリシタン」はポルトガル語に由来し、はじめは「吉利支丹」と書かれていたが、徳川綱吉が将軍職についた一六八〇年頃から「切支丹」と書かれるようになったようである。既存の体制から逸脱したものの一つとして、「邪宗門《じゃしゅうもん》」と呼ばれたこともよく知られており、イエスを「外道仏」などと呼ぶ例もあったようだ。

だが、現在では、「キリスト教」と呼ぶのが普通である。一八八三年の『切支丹の聖教』を最後に「キリシタン」という言葉は使われなくなったとされている。

この「キリスト教」という呼称は、どのように生まれたのだろうか。日本語名称としては本当に「キリスト教」が最も妥当であって、これ以外にありえないのだろうか。

日本人とキリスト教の関係について考えるうえでは、そうした根本的なところから疑ってみてもよいだろう。

厳密には、「キリシタン」という言葉についても慎重に検討する必要がある。というのも、その言葉はかつてのキリスト教徒に対する呼称としてだけではなく、もっと広い意味で用いられたこともあったからである。

大橋幸泰は『潜伏キリシタン――江戸時代の禁教政策と民衆』で、一八世紀中後期以降、「切支丹」という言葉は、当時潜伏していた現実のキリシタンとはまた別に、人々を惑わす怪しげな言説・行動・集団を指す一般的な呼称としても用いられたことについて詳しく論じている。

神道や稲荷信仰の影響を大きく受けた、およそ「キリスト教」とは言えない加持祈禱や吉凶判断のような呪術的行為が、「切支丹」として処罰された例もあったようだ。

ほぼ同じことは、「イエス」の近代中国音訳語を音読みした「耶蘇《ヤソ》」という言葉についても言える。

星野靖二は、論文「幕末維新期のキリスト教という「困難」」(岩田・桐原編『カミとホトケの幕末維新』所収）で、明治初期は、「排除すべきであるとみなされた対象」が「耶蘇」や「異人」と呼ばれることが多く、「既存の秩序を外部から揺るがすものに対するラベル」としてその語が用いられたと指摘している（二八二頁）。

このように、本来は「耶蘇」「切支丹」などの語についても丁寧に振り返らねばならない点があるのだが、詳細はそれらの先行研究を参照していただくことにして、ここでは現在の私たちが用いている「キリスト教」という周知の呼称に目を向けてみたい。

「キリスト教」が定着するようになったのは、一九世紀後半になって禁教高札が撤去され、あらためて日本国内で堂々と宣教がおこなわれるようになってからのことである。Christianityの訳語として、その言葉が作られた。

現代では、カトリック教会、東方正教会、プロテスタント諸教会などをすべてひっくるめて「キリスト教」と総称するのがほぼ常識となっており、漢字では「基督教」という字があてられている。

しかし、実は、この名称が定着しはじめた頃は、「キリスト教」という訳語以外にも別の候補が全く無いわけではなかったのである。

†「クリスチャニティ」をどう訳すか

プロテスタント神学者の古屋安雄は『日本のキリスト教は本物か？――日本キリスト教史の諸問題』のなかでこの話題について触れている。

古屋によれば、明治時代に英語のChristianityを日本語に訳す際、「キリスト教」と「キリスト道」のどちらにすべきかが議論になったというのである。

宣教師は「キリスト道」がよいと言ったのに対し、日本人の側が「神道」と「仏教」を挙げて、「教」を用いた方が思想や教義の奥深い高尚な宗教のように思われるとして、最終的に「キリスト教」という名称が選ばれたのだという。

古屋のこうした解説がどの資料に基づいてなされているのか私は未確認だが、幕末から明治初期にかけては、確かにカトリックは「天主教」、プロテスタントは「耶蘇教」と呼ばれるようにもなった。churchが「教会」と訳されたことなどとも合わせて考えると、当時の日本人が「教」にこだわったことは確かであろうと思われる。

「教会」という言葉も現在では当然のように使われているが、実は日本で作られた最初のプロテスタント教会は、一八七二年に横浜で設立された「日本基督公会」である。「教会」ではなく「公会」で、それはchurchの中国語訳を踏襲したものである。

それは三年後、一八七五年の改築とともに「横浜海岸教会」と称するようになった。日本基督公会はもともと無教派主義をとって各地に設立されたが、一八七七年に「日本基督一致教会」へと変わり、どうやらそのあたりから「教会」が church の訳語として定着していったようである。あらためて意識的に「教」の字が採用されたのである。

「殉教」という言葉も、日本語のなかではかなり新しいものである。

佐藤吉昭の『キリスト教における殉教研究』など、殉教に関するいくつかの研究によると、キリシタン迫害時代はラテン音訳で「マルチル」「マルチリヨ」などと言われ、漢字では「丸血留」という字があてられていたが、一八七八年の太政官翻訳係版『日本西教史』から「殉教」と訳されるようになった。

仏教界では「法難」という言葉でもって仏教を広める際に受ける迫害を指し、「殉教」という言葉はほとんど使われないようなので、この日本語はキリスト教文化の訳語として誕生したと考えられる。ここでもやはり、「教」の字が採用されたのだ。

†「宣教」も新しい日本語

「教」を用いたキリスト教用語は他にもある。すでに何度も使ってきた「宣教」だ。

戦国時代・安土桃山時代は、「宣教師」（司祭）は「伴天連《バテレン》」と呼ばれていた。それはポルトガル語の「パードレ」がなまったものである。

現在の日本語では、「宣教」「布教」「伝道」という言葉が極めて似た意味の言葉として使われている。見てわかる通り、「伝道」は「道」を「伝える」と書くのに対し、「宣教」は「教え」を「宣《の》べる」と書く。これらのうちで最も古くから使われているのは「伝道」の方で、一三世紀の文献にすでにあらわれている。

それに対して、「教」の字が用いられた「宣教」と「布教」は、いずれも一九世紀以降から使われはじめたものであり、日本語としては新しい部類に入る。

宣教（mission）は元来、「派遣」「使命」の意味から派生した言葉であり、イエス・キリストの出来事をめぐる伝承に由来している。「伝道」もほぼ同じ意味で使われており、両者のあいだに明確な違いが認められているわけではない。

プロテスタント諸派では、今でも「農村伝道」「医療伝道」「文書伝道」といった言葉も用いられているが、文脈によっては「宣教」の語が選ばれることも多い。

宗教学者の土屋博は、『宗教文化論の地平――日本社会におけるキリスト教の可能性』のなかで、「伝道」には個人的な回心を求めるニュアンスがあり、真理を所有する者がそれを分け与えるという姿勢が感じられるのに対して、「宣教」は社会的立場での協働を通して教えを伝えるという意味合いを含むと説明されることもある、と解説している。

土屋によれば、プロテスタント諸派においては、「伝道師」はまだ正式の牧師としては認められていない段階の聖職志願者を指し、「伝道所」は自立した本来の「教会」にまで育っていない信徒の集まりの場所の呼称として用いられているなど、異なる意味合いを与えられることもあるという。

確かに、国内的・国際的共同活動に携わる組織の名称としては「宣教」の語が選ばれることが多く、実践神学の一部である missiology も、プロテスタント諸派では「宣教学」と訳されるのが一般的である。

もし Christianity が「キリスト道」と訳されていたら、「伝道」の語だけで十分だっただろうか。「宣教」の語に関して厳密に検討するならば、英語でいう mission や evangelism の訳語、あるいはギリシャ語の「ケーリュグマ」をどう解釈し、どう訳すかといった複雑な問題にもつながっていく。

だが、さしあたりここでは、近代以降の日本のキリスト教用語では「教」の字が多用されて現在にいたっており、「キリスト教」という名称も常識化していることを確認するにとどめておこう。

†やっぱり「キリスト道」

現在は、ほとんどの人が「キリスト教」という日本語名称に何の疑いも持っておらず、それが当たり前だと信じているが、やっぱり「キリスト道」の方がよいのではないか、という意見も全くないわけではない。

例えば、カトリックの司祭で神学者の門脇佳吉《かどわきかきち》は、『道の形而上学——芭蕉・道元・イエス』の中で、「キリスト教」よりも、「キリスト道」という呼称の方がふさわしい、という主旨のことを述べている。

門脇のその著書は、芭蕉や道元における「道」の詳細な分析をふまえてキリスト教についての再考を試みたものである。そこでは「柔道」「剣道」「華道」「茶道」といった日本の伝統的な「道」の文化・思想が意識されている。

彼は、「キリスト教」というように「教」の語を用いると、言葉によって説かれる主知主義的な「教説」に重点がある印象になるが、イエスが人々に教えたかったのは、教説ではなく「道」だというのである。

『聖書』を書いたのはイエスではなく、後の人々だ。イエス自身は、自分の言葉を文書として残すことをしなかった。自分の言葉が後の時代に正確に伝えられるかを気にすることもなかった。

門脇は、この事実は聖書解釈学上第一に注目すべきことであるという。このことは、すなわち、イエスが生涯をかけて目指したものは文書による「教え」の伝達ではなく、人々と出会って、その人々が自分とともに一つの道を歩むよう導くことであったということを示唆しているというわけである。

こうして門脇は「道なるイエス」「道なるキリスト」を参究すべきであるとして、「道の形而上学《テオ・ロギア》」を提唱し、次のように述べている。

イエスはこの道を伝えるために全身心を賭して十字架・復活への道を歩んだ。イエスが身をもって示した道は、使徒たちに伝えられ、さらに弟子たちへつぎつぎに伝えられ、ついに現代の私たちにおよんでいる。この道の相承こそキリスト教の本質であったし、現在もその本質に変わりない。その意味では、キリスト教は本来キリスト教と呼ばれるべきではなく、キリスト道と言われるべきである。（一四五〜一四六頁）

よって、門脇においては、「わたしは道であり、真理であり、命である」というイエスの有名な言葉（「ヨハネ福音書」一四章六節）は、聖書のなかでも特に重要な意味を持つ。

キリスト教信仰そのものを日本的な「道」の理念から捉えなおすことや、この宗教を「キリスト道」と呼ぶべきだというのは、確かに今現在の日本のキリスト教界でメジャーな意見とまでは言えない。ほとんどの信徒は「キリスト教」という呼称で満足し、それが当たり前だと信じている。

だが、門脇の主張にも的を射ている部分があり、十分耳を傾けるに値する意見であるように思われる。

†求道、入道、邪道など

日本語の「道」は、確かに古くから宗教的な文脈で用いられてきた。

今の日本のキリスト教徒のなかでも、やや高齢の方々は、「求道《ぐどう》」「求道者」という言葉を使うことがある。

「求道」とは、「道」を「求める」と書いて宗教的真理の探求を意味するものである。それは、仏の教えを願い求めることを意味する仏教用語だが、キリスト教徒になった日本人のあいだでも用いられるようになったのである。

サンスクリット語・パーリ語の bodhi の音写が「菩提《ぼだい》」で、それが漢訳されて「道《どう》」「覚」「智」などとなった。仏門に入ることや、悟りの境地に入ることを「道に入る」（入道《にゅうどう》）、「道を得る」（得道《とくどう》）とも表現するように、宗教的な事柄に「道」の語を用いる歴史は長い。

真理や正善に反する行為、あるいはそれをおこなう人のことを、今でも「邪道《じゃどう》」「外道《げどう》」と言うことがあるが、これらも同様で、それらは、元は仏教（＝内道）から外れたもの、あるいは外れた人のことを指す言葉であった。

現在、私たちは釈迦を開祖とするその宗教を「仏教」と呼んでおり、これも多くの人はそれが当たり前だと信じているが、はじめからこの名称が使われていたわけではない。「仏教」という言葉自体は確かに中世にはあったようだが、その頃は諸仏の教えというくらいの意味で、限定的に用いられるにとどまっていた。

現在でいうところの「仏教」に相当する語としては、かつては「仏道」(もしくは「仏法」)の方が多用されていたのである。だからこそ、求道・入道・邪道などの言葉があったわけである。

近世においても、まだ今でいう「仏教」という統一概念は存在しておらず、各宗派は「宗門」や「宗旨」といったカテゴリーのもとで個々に呼び表されていた。

磯前順一の『宗教概念あるいは宗教学の死』によると、「仏教」という名称は、西洋語のreligionに「宗教」という日本語があてはめられて定着した一八八〇年代を経て、近世まで用いられた「仏道」「仏法」の「道」「法」を「教」に置き換えて成立した、あくまでも「近代的な呼称」なのだという(一二一頁)。

ただし、三世紀半ばに漢訳された『無量寿経《むりょうじゅきょう》』で仏教が四度にわたって「道教」と呼ばれている例もあるし、八世紀に空海が儒教、道教、仏教の三つを比較した書のタイトルは「教」の語を用いた『三教指帰《さんごうしいき》』である。一九世紀前半に生まれた新しい宗教として「黒住教」(一八一四年)、「天理教」(一八三八年)などの例もある。

したがって、日本の宗教文化における「教」の語の使用については、厳密には、さらなる考察が必要であるだろう。

†結局「キリスト教」になった

さて、イエスを救い主とするその宗教を「きりすときょう」と呼ぶことには、明らかな必然性があるわけではない。

一九世紀後半にChristianityの訳語が求められた際、日本人はそれを「キリスト道」とはせず、あえてteachingないしはinstructionというニュアンスを加えて「キリスト教」とした。この点は、後の日本人の「キリスト教」理解に少なからぬ影響を与えたのではないだろうか。

もちろんこの背景には、明治政府による宗教政策の影響があったことは言うまでもない。当時は神道の位置付けと、キリスト教や仏教との位置づけを操作する必要があった。「キリスト教」という語の誕生については、当時の人々の宗教観や信仰理解のみならず、政治的・社会的な背景からも考察する必要があるだろう。

だが、いずれにしても、翻訳語にはどうしてもそれに対する解釈が込められたり、説明が含まれたりする傾向にある。天主教、耶蘇教、そして「キリスト教」と呼ばれるようになったことによって、そこからは自ら求め歩むべき「道」というイメージは極めて薄くなり、誰かから教授される「教え」、あるいは寄与すべき「教え」として捉えられる傾向が強くなったのは確かであろう。

クリスチャニティは「キリストの教え」であり、チャーチも「教えの会」であり、マルチルも「教えに殉じること」であり、ミッションも「教えを宣べること」と理解されるようになった。とにかく全て「教」なのである。

だが、そもそも「宗教」という言葉にも「教」の字がある。religion はいったいどのようなプロセスで「宗教」と訳されるようになったのだろうか。

†「宗教」も非常に新しい

「宗教」も日本語としては非常に新しいものである。

一九世紀半ばから、英語の religion をはじめとする近代ヨーロッパ語が日本に伝わり、その翻訳語が求められた。そこで、さまざまなプロセスを経て、最終的に「宗教」の語があてられるようになったのだが、「宗・教」という語そのものは、いちおう仏教の伝統に由来する。

一二世紀の『碧巌録《へきがんろく》』にその言葉が見られ、さらに古くは法蔵《ほうぞう》（六四三〜七一二年）の『華《け》厳《ごん》五教章』で、宗教の「宗」は教えの奥義、ないしは根本的な真理、究極的な理を意味し、

「教」はそれを言葉でもって説き表したものだと説明されており、二つを合わせてつまりは仏教を指していた。

江戸時代にも、「宗教」は仏教が説く真理の教えを意味する言葉としてあるにはあったようだが、一般の日本人にはまったく馴染みのないものだった。

したがって、ザビエルがやってきた戦国時代の日本人は、キリスト教を前にしても「新しい宗教がやってきた」という認識はなかったことになる。当時の人々の頭には、そもそも「宗教」という概念がなかったからだ。

不干斎ハビアンの『妙貞問答』と『破提宇子』は、実質的に「比較宗教論」だったと言われるが、彼のそれらの仕事は、まだ「宗教」という概念がほとんど用いられていなかった一七世紀初頭になされたのである。

ペリーがやってきて、いわゆる鎖国が解かれ、再び宣教師たちが来日するようになっても、なおしばらくのあいだ、religionの訳語は曖昧であった。

はじめてreligionの語が日本語に翻訳されたのは、一八五八年の日米修好通商条約においてである。そのなかに、アメリカ人居留地における信教の自由と礼拝について定める文章（第八条）があったからだ。

だが、そのとき用いられたreligionの訳語は、まだ「宗教」ではなく、「宗法」だった。それ以後の諸外国との条約においては、「宗旨」の語も使われていた。一八六二年に刊行された『英和対訳袖珍《しゅうちん》辞書』（堀達之助）でも、religion は「宗旨・神教」とされている。

それから後、一八六九年に結ばれた独逸《ドイツ》北部連邦とのあいだの条約において、ドイツ語の Religion に対応する言葉として、ようやく「宗教」が用いられたのである。

ただし、キリシタン関係文書など、行政文書で早くから「宗教」の語が使われていた例もあるにはあったようだ。

日本宗教史を研究している鈴木範久は、『明治宗教思想の研究――宗教学事始』で、こうしたこまごまとしたプロセスを整理したうえで、「宗教」という言葉が今日的な意味で用いられるようになったのは、早くて一八六七年、慎重に見れば一八六九年からだと結論づけている。

†しばらくは不安定だった「宗教」概念

ただし、この「宗教」という言葉が一般にも定着するにはもう少し時間がかかっている。religion の訳語の候補としては、他にもさまざまなものがあった。右記のものの他にも、例えば「信教」「宗門」「教法」「法教」「教門」「教道」「聖道」などがあった。

「宗教」という言葉が現在のような意味で人々のあいだに定着したのは、諸外国からの外圧によってキリスト教禁教の高札が撤去されて、さらにしばらくしてから、すなわち一八八〇年あたりではないかとも推察されている。

明治前期においては、神社は宗教ではないとされたし、昭和時代においてもなお、神道は宗教ではない、と主張されることがあった。「宗教」概念が今現在の日本人が共通に理解しているものになるには、かなりの時間と複雑なプロセスをたどってきたのである。

磯前順一は『近代日本の宗教言説とその系譜——宗教・国家・神道』のなかで、日本語で「宗教」に統一される前の religion の訳語には、「プラクティス」（非言語的な慣習行為）を中心としたものと、「ビリーフ」（概念化された信念体系）を中心とするものとの二つの系統が存在していたと述べている。前者には「宗旨」「宗門」など、後者には「教法」「聖道」「宗教」などが例として挙げられている。

そして彼によれば、一九世紀後半に religion の概念をもたらしたと同時に日本へのキリスト教宣教の主流となったプロテスタントは、儀礼的要素を廃するビリーフ中心のものであり、プラクティスを中心とした近世日本的な「宗旨」の概念とは嚙み合わなかったため、religion の訳語としてはビリーフ系統の「宗教」が選ばれることになったのではないか、という（三六〜三七頁）。

一九世紀後半は、「宗教」という日本語も、「キリスト教」という日本語も、ともにまだ出来たばかりのものであった。それらがいったい何なのか、どう理解すべきかについては、当事者たちのあいだでさえしばらくは不安定なものだったのである。

星野靖二は、論文「「宗教」の位置付けをめぐって――明治前期におけるキリスト教徒達に見る」(島薗・鶴岡編『〈宗教〉再考』所収)のなかで、次のように述べている。

当時のキリスト教徒達は、同時代人と共有することのできる総称としての「宗教」という概念を前提とし、その上でキリスト教がそれにあてはまる(もしくはあてはまらない)という思考の順序をとっていたのではなかった。即ち、彼らはまず彼らの理解するところのキリスト教をモデルとして「宗教」そのものを論じていたのであり、そこには総称としての「宗教」が一宗教伝統であるキリスト教から引き出されているという逆転があったのである。(二二九頁)

一九世紀後半から「信教の自由」が明文化される二〇世紀半ばまで、「宗教」は必ずしも自明なものではなかった。

「宗教」概念をめぐる宗教学者たちの議論にはすでに膨大な蓄積があり、ここでは詳述できないが、それでもざっとその言葉の由来や曖昧さを認識しておくことは重要である。

一九世紀後半の日本で、それまでなかった「宗教」と「キリスト教」という言葉が誕生し普及したことそれ自体が、二一世紀現在に生きる私たちの思考や見方に影響を与えていることは確かだからである。

†宗教と教育の近接性

「宗教」「キリスト教」、さらには「教会」「殉教」「宣教」など、近代以降の日本では多くの「教」の語が使われるようになったわけだが、ではこの「教」とはそもそも何だったのだろうか。

religion の訳語について人々があれこれ考えていた時代、知識人の基礎教養としての儒学では、「天」の命じた人としてふさわしいあり方にしたがって生きれば人の「道」に沿っているとされ、そうした万人に共通の「道」にしたがって生きていけるように導く仕組みが「教」とされた。

当時の日本では、宗教的なものと倫理的なものとの区別はさほど明確ではなく、両者を併せて「教」と捉えることも普通だったようである。

これまで、E・デュルケムやR・オットー以来、多くの宗教学者が、「聖」を宗教の本質概念として分析に用いてきた。だが、渡辺浩は『東アジアの王権と思想（増補新装版）』で、日本における「宗教」の「教」においては、「俗」に対する「聖」なるものといった含意は無いことを指摘している（二七六頁）。

渡辺によると、当時の日本人にとって、「宗教」とは、天理人道へのさまざまな「誘導（手段）」であり「指導（方法）」であり、宗旨の形をとった「教」、さまざまな宗派の「教」と解された。岩倉使節団の報告書も人を善に赴かせるためには「教」が必要だという前提に立っており、晩年の福沢諭吉もそうした考えをもっていたという。

渡辺はさらに、一八八七年に西村茂樹が刊行した『日本道徳論』を挙げ、そこでは道徳の教えが「世教《せいきょう》」と「世外教」とに分けられていることを紹介している。「世教」というのは道理を主として現世のことを説くもので、具体的には「支那の儒教、欧州の哲学」を指している。そして「世外教」というのは信仰を主として未来の応報と死後の魂の帰する所を説くもので、「印度の仏教」や「西国の耶蘇教」がそこに含まれる。

明治の日本人は「文明の本家なる欧米諸国」が、宗教をもって国民の道徳を維持していることを見て、自分たちが彼らに追いつくにはどうすればよいかを模索した。当時の人々が重要だとしたのは、今後の日本と日本人のための「教え」であった。

一九世紀後半から日本に入ってきたプロテスタントのキリスト教は、当時の日本人の目からすれば、はるかに進んだ文化の一部であった。進んだ国はみなキリスト教だから、あるいは、宣教師の多くは学問を修めた優秀な人物だから、自分たちもそうなりたければキリスト教を受け入れよう、と考える者も少なくなかったようである。

政治家の後藤新平も、明治期には明らかにそういう雰囲気があったことを証言している。後藤は、前章で紹介したニコライを敬愛しており、彼の宣教活動も支援していたのだが、少年時代には誰言うとなく「西洋語を学び西洋の学問を究むるには切支丹に入るを最も便とする」と伝えられていたと述べている（中村健之介『宣教師ニコライとその時代』四八頁）。

星野の前掲論文によると、幕末にオランダ留学をした津田真道《まみち》は、「宗教」（津田自身は「法教」という言葉を使った）の目的は「不開化の民」を導いて「善道」に進ませることにあるとし、それにはプロテスタントが最適であると主張していたという。

当時は津田以外にも、宗教は人々を「開化」に導くための手段、ないし道具だと考える啓蒙知識人は多く、学問・知識、そして道徳を支える根本にあるのが「宗教」であって、「開化」は宗教に基づいてこそ可能になるとも考えられた。

そうした意味で、「宗教」と「教育」は近接したものであり、重なり合う部分さえあるとも見なされたのである。

†「先生」が教えてくれたキリスト教

「キリスト教」を「文明」と重ねて捉え、提示することは、当時の日本人の側だけの傾向ではなかった。一九世紀後半のアメリカ人たちも、日本に初めて宣教師を派遣するにあたり、キリスト教とともに西洋の先進の知識を伝えようと意気込んでいた。

学問を宣教の手段・道具として活用することは、宣教師自身も意識していたので、近代日本のキリスト教が「教育」（学校）と非常に近い関係にあったのは当然のなりゆきだったとも言える。

日本におけるプロテスタント発展の地として、横浜バンド、熊本バンド、札幌バンドの三つが挙げられるが、これら三つは、いずれもアメリカ人の宣教師たちが教えた塾や学校を中心に形成されていったものである。

ほんの一例を挙げるならば、横浜バンドのヘボンはプリンストン大学とペンシルヴェニア大学で学んだ医師であり、熊本バンドのジェーンズはウェストポイントの陸軍士官学校を卒業しており、札幌バンドのクラークはアマースト大学で学んだ後にドイツのゲッティンゲン大学で博士号をとっている。

横浜バンドはヘボン塾を源泉として明治学院やフェリス女学院に、熊本バンドは熊本洋学校から同志社に、札幌バンドは札幌農学校から北海道大学につながっている。知的な宣教師のもとには、やはり学ぶことに熱心で知識欲旺盛な日本人の若者が集まったのである。日本におけるプロテスタント宣教では、プロの牧師のみならず、文明開化政策推進のために雇われた一般信徒の外国人も大きな役割を果たした。

一八七一年に教育と学術を担当する官庁として「文部省」が設立されたが、そこで扱われる事柄には宗教も含まれ、現在でも文部科学省の外局である文化庁に宗教法人審議会が設置されている。一九世紀後半から二一世紀現在まで、宗教と教育には行政のレベルでも近接性が認められてきたと考えてよいだろう。

日本のプロテスタントの教会では、今現在も、牧師のことを「〇〇先生」と呼ぶことが多いが、かつての牧師や宣教師は確かに高学歴で、教養があり、平均的な日本人と比べれば学識が豊かであった。彼らのほとんどは教育にも熱心だったので、実際に牧師や宣教師は「先生」であることが多かったのである。

2 日本でキリスト教徒が増えない理由

†なぜか増えないキリスト教徒

このように、一時期の日本人は「開化」のためにキリスト教を求めた。また、現に高学歴の「先生」たちが海外からはるばるやってきて指導にあたってくれた。

ザビエル以来、これまで日本に対しては、欧米のキリスト教界から膨大な人的・経済的資源が投入されたのである。

マーク・R・マリンズは『メイド・イン・ジャパンのキリスト教』で、一八五九〜一九九二年までのあいだに活動した二四二もの宣教組織をリストにして示している。ペリー来航から太平洋戦争までの間だけでも、一一三もの宣教組織が日本に来ていたことがわかる。

だが、それでも、なかなかキリスト教徒は増えない。日本のキリスト教徒数は、総人口の一%程度という状態が長く続いている。

敬虔なキリスト教徒の方からは、「信仰」は数や効率の問題ではない、と言われるかもしれないが、これまで宣教に費やしたコストとその成果とを比べるならば、やはりキリスト教は日本で成功したとは言い難い。

現在の日本で、今後はキリスト教徒が増加していくだろうと考えられるような根拠も特にない。むしろ、高齢信徒の死没にともなって、総人口に対するキリスト教徒の割合はますます減っていく可能性の方が高い。

確かに日本でもクリスマスなどのイベントは定着し、キリスト教式で結婚式を挙げる人は多い。キリスト教の美術、音楽などにも関心がもたれている。しかし、それでもおそらく日本人の半数近くは、牧師と神父の区別もついておらず、カトリックとプロテスタントの違いも説明できないのではないだろうか。教派の違いがわかっていないということは、思想や教義にはあまり関心が持たれていないということであろう。

このような状況になっているのは、決して今の日本人がキリスト教と接する機会が少ないからではない。キリスト教を背景とした諸文化は常に多く紹介されているし、キリスト教主義の学校も非常に多い。幼稚園から大学まで含めると、日本人の一〇人に一人はキリスト教系の教育機関に通ったことがあるという調査結果もある。

それにもかかわらず、日本のキリスト教人口は長らく総人口の一％程度に留まっているということは、日本のキリスト教系教育機関に宣教的な効果は極めて薄いと言ってもいいだろう。

しばしば、『聖書』は世界のベストセラーであり、日本でも毎年かなり多くの聖書が売れていると言われているが、その点はどうなのだろうか。

市販されている聖書には、新約聖書だけの薄いものや、旧約聖書と新約聖書が合本になった厚いものなど、さまざまなバージョンがあるが、日本聖書協会の統計によれば、旧約と新約が合本になったものだけでも毎年約一〇万冊が売れている。確かに『聖書』は、他の書籍と比べると、驚くほどよく売れる本なのだ。

しかし、実際のところ、その販売部数にはキリスト教系学校が毎年新入生に配布したり、あるいは義務的に購入させたりしている分が多くを占めているのではないだろうか。

もし、毎年新たに一〇万人もの日本人がキリスト教に宗教的関心を持って聖書を買い求めているのならば、教会はもっと多くの若者であふれているはずである。

†日本はキリスト教の根を腐らせる「沼地」なのか

日本にキリスト教信仰が根付かない理由として、キリスト教の一神教という性格が東アジアの日本人には馴染まないのだという主旨のことを言う人もいるが、そうした意見は果たして説得力があるだろうか。

フィリピンや韓国など、日本と同じアジアでありながら日本よりはるかにキリスト教が広まっている国はある。インドネシアのように、国民の約九割がキリスト教と同じアブラハム系統の一神教であるイスラム教を信じている国もある。

日本人とヨーロッパ人とでは「感性」や「文化」が異なるのだという意見もわからなくはないが、日本人の多くはヨーロッパ人が作った音楽、美術、文学、映画などには感動することができ、それらを広く受け入れている。

そもそも、キリスト教は地理区分でいえば西アジアで生まれた宗教であるし、初期の重要なキリスト教思想家が活動したのは北アフリカである。日本にやってきた宣教師のほとんどは西洋人だったが、元は決して純粋な「ヨーロッパの宗教」ではない。

医療・救貧・教育など、これまで宣教師たちによって多くの日本人が救われたのは見てきた通りである。第二章で紹介した医師のアルメイダ、第三章で紹介したド・ロ神父のように、日本人のために生涯をささげた素晴らしい人物は少なくない。

キリスト教徒たちの温かな逸話も数多くあり、見習うべきことや感謝すべきことはたくさんある。キリスト教を通して、日本人は語学から科学まで、さまざまな学問を身につけてきたし、貧者や病人や女性は物心両面から支えられたのである。

ところが、江戸時代のキリシタン迫害は徹底したものであった。日本にキリスト教が根付かなかった直接的な理由としては、やはり二六〇年にわたる禁教政策が大きかったことは確かであろう。

遠藤周作は小説『沈黙』で、「転びバテレン」のフェレイラに、日本という国について次のように言わせている。

この国は沼地だ。やがてお前にもわかるだろうな。この国は考えていたより、もっと恐ろしい沼地だった。どんな苗もその沼地に植えられれば、根が腐りはじめる。葉が黄ばみ枯れていく。我々はこの沼地に基督教《キリストきょう》という苗を植えてしまった。(新潮文庫版、一八九頁)

異なる価値観も互いに認め合わなくてはいけない、という現代的な感覚からすれば、拷問や虐殺を含むキリシタン迫害の歴史は、反省的に振り返らなければならない。

しかし、日本でキリスト教が受け入れられず、過酷な迫害がなされるようになったのは、もっぱら日本人の側の無理解と差別のみが原因というわけではない。キリスト教の側が一方的に純粋な被害者だったのかというと、決してそう単純な話でもないのである。

†キリスト教は「お騒がせ宗教」

かつて、ヨーロッパのキリスト教徒たちは、外国に行っては現地の宗教文化を排斥し、壊滅させ、反抗する原住民を虐殺してきた。暴力を用い、経済的に搾取し、同時に宣教師を送り込んで、キリスト教徒を増やしていった。そうしたやり方に異議を唱える者は少数だった。

しかし、日本はヨーロッパのキリスト教徒による侵略が当たり前だった時代に、それをさせなかった。あるいは、それをされずに済んだ。そのことが日本にキリスト教が広まらなかった理由の全てとは言わないまでも、重要な背景の一部であることは確かである。

宣教師フロイスは、「日本の祭儀はすべて悪事の張本人である悪魔によって考案されたものである」と述べるなど、その宗教観は自己中心的なものであった（『完訳 フロイス日本史 三』八五頁）。

そうした傾向は、最初の宣教師ザビエルの段階でもすでにうかがうことができる。彼も書簡で「サタンに捕らわれている〔日本人の〕霊魂を自由にしたい」（書簡第九〇）と記すなど、現代に生きる私たちの感覚からすれば、独善的な傾向があったと言われても仕方がない。

すでに述べたように、フロイスなどは自ら仏像の破壊に積極的に加担したことがあり、その点では高山右近なども同様である。

日本でキリシタンが邪教視された大きな理由の一つは、やはり彼らが日本にあった既存の宗教文化を冒瀆し、攻撃し、破壊しようとしたことである。しかも、しばしば宣教師（司祭《バテレン》）の指導のもとでそれらがおこなわれたことを考えると、当時のバテレン門徒が「邪法の徒」だとみなされたのはむしろ当然だったとも言えよう。

第三章で紹介したフィッシャーも「当時、イエズス会士たちが人々〔キリシタン〕を不服従に駆り立てなかったら、そして、その大多数の大名と臣下がキリスト教徒となった地域でキリスト教が厳格さを露にし、他教徒の憎悪を買わなかったとしたら、キリスト教徒は追放もされず、残虐な迫害もなかったであろう」（『明治日本印象記――オーストリア人の見た百年前の日本』三五一頁）と述べている。

秀吉の時代の末期になると、キリシタンは「国を奪う邪宗」だとする見方も広まり、江戸時代になるとそうしたイメージも定着した。それは決して、単なる被害妄想ではなかった。

第四章でも触れたが、ロシア正教のニコライが秀吉の伴天連追放令に理解を示したのは、かつてのキリスト教には侵略的傾向があったことを大筋では認めていたからである。

宣教師が宣教のために南蛮貿易をフル活用したことで、一部の日本人は経済的利益を得て、新しい文化も学んだ。しかし、貿易への深い関与は、日本人への武器の提供や戦争協力ともゆるやかにつながっており、結果的に「宣教」は日本の政治・社会へ大きな影響を与えることになってしまった。

日本におけるキリスト教は、救貧・福祉事業、教育、医療など、日本人を助けてくれる温かな一面を持っていたのは確かであるが、その一方で、時にはかなり面倒でやっかいな存在であったのも事実だと言わざるをえない。

鈴木範久がキリスト教を「お騒がせ宗教」だと評したのも、わりと的を射た言い方であったかもしれない（『日本キリスト教史物語』三頁）。

†日本人がキリスト教を敬遠した理由

森岡清美は『日本の近代社会とキリスト教』の最後で、日本にキリスト教が広まらない理由について簡単に触れている。

森岡は新約聖書の表現を用いて、「キリスト教の種が落ちた日本の土壌は、土の薄い石地、いばらのふさぐ地であって、所詮、三十倍、六十倍、百倍の実を結ぶ良い地ではなかったのではないか、との感を深くせざるをえない」(二八一頁)と述べている。

ここで森岡が「日本の土壌」として指しているのは、政治的には「天皇制」であり、宗教的文化的には「異教的信仰・生活習慣そして心性」の問題だとしている。

また森岡は、日本人には「敬畏すべき神」を忌み、「親しみやすい神」を慕う、という傾向があることも認めている。その親しみやすい神とは、「家の守護神であり、地域の鎮守であり、またこれらの機能を補充する機能神」であり、言い換えれば「人間にとってすぐ役に立つ神」であるという。

そうした「神」を求める傾向のある多くの日本人には、キリスト教のように、まず何よりもおのれの罪を自覚させ、悔い改めを迫り、神の栄光に奉仕することを求める宗教には入り込みにくいのではないか、というのが彼の分析の大枠である。

また、特にプロテスタントに関しては、それが「頭でっかち」な宗教になってしまった点に問題があるのではないかと指摘されることもある。

プロテスタントが日本に入ってきたのは一九世紀後半からで、最初期のプロテスタントの多くは武士階級だった。しかも佐幕派の人々であり、つまり立身出世の夢を断ち切られた青年が、キリスト教の精神で日本の近代化のために献身しようとしたのである。

武士は士農工商の一番上で、すなわち特権階級であった。かつての特権階級は当時の数少ない知識階級と結びつき、結果としてキリスト教は上流階級の宗教として日本に入っていった。古屋安雄によれば、こうして日本の教会は、良く言えば「知的」かつ「神学的」であるが、同時に「敷居が高い」ものとなり、「祈る教会」ではなく「賛美する教会」でもなく、「議論する教会」になり、つまり「頭でっかち」で若者を惹きつけないものになってしまったのではないかというのである（『なぜ日本にキリスト教は広まらないのか――近代日本とキリスト教』五九頁）。

†宣教師たちの傲慢と自文化中心主義

また、少し別の見方もある。

来日した宣教師たちのなかには、ヘボンなどをはじめ人格者もいた。宣教師の優れた人格に惹かれて入信した者も多かったようである。

しかし、大勢やって来た宣教師たちのなかには、日本人に学問をはじめさまざまなことを教えようとするあまり、まるで親や兄であるかのように振る舞う者もいた。本人たちには偉そうにするつもりはなかったかもしれないが、少なくとも一部の日本人はそのように感じた。

日本にキリスト教が広まらなかったのは、人々のあいだでそうした宣教師たちのちょっとした態度に関する小さな苛立ちがつのり、キリスト教に対する無言の根深い反感が醸成されていったからではないか、と推測されることもある。

現に、すでに一六世紀後半のヴァリニャーノの時代から、日本人のあいだでは、宣教師たちによる日本の風習や礼儀に対する姿勢についての不満も口にされていたのである。

来日して一～二年ならともかく、すでにかなり長いこと日本で暮らしているにもかかわらず、日本の風習や礼儀を全く覚えようとしないのであれば、それは日本人に対する侮辱に他ならないし、覚える能力がないならば、そんな無能な連中の教えを受けたり師と仰いだりすることはない、というわけである。

確かに、ザビエルやトーレス以来、イエズス会は基本的には適応主義の方針をとった。宣教師たちは日本語を学び、日本的礼儀作法を身につけ、肉食も断つなど、日本の文化にかなり気を遣った様子もうかがえる。

しかし、日本人を見下していたカブラルのような者もいたように、後の全ての宣教師が日本人や日本の風習・文化に敬意を払ったわけではなかった。

ニコライも、秀吉の時代について書いた文章のなかで、「キリスト教の高位聖職者たちは街頭で出会っても道を譲ろうとしないし、日頃の態度が実に高慢不遜である、といった訴えが侯たちから出されるようになった」と解説している（『ニコライの見た幕末日本』七一頁）。

第二章でも触れたように、不干斎ハビアンが棄教した理由の一つとしても、しばしばヨーロッパ人宣教師の日本人に対する尊大な振る舞いがあったことが指摘されている。禁教時代を経て、明治時代に再びやって来た宣教師のなかにも、やはり自文化中心主義的な態度をとった者が少なくなかったようである。

鈴木範久は、明治時代のアメリカ人宣教師たちが残した手紙をみると、日本および日本人に対する彼らの認識に驚かされることがあると述べている。

すなわち、宣教師の多くが、日本を「邪教」が支配している「暗黒」の国、「迷信的」で「不道徳」な国だと捉え、日本人の「あわれな霊性」に光と救いをもたらそうという意識を持ってやって来ていたことがわかるというのである（『日本キリスト教史――年表で読む』七〇頁）。日本人のうち少なくない人々が、そうした宣教師たちの傲慢な態度を敏感に察知し、それに屈辱感をつのらせ、キリスト教そのものに反感を抱くようになっていったということも、確かにありえたかもしれない。

十二一世紀現在も、日本でキリスト教徒は増えない

しかし、今はもう戦国時代ではないし、明治時代でもない。

日本人キリスト教徒が組織的に神社仏閣を破壊することはもうないし、「国を奪う」ことも

まずありえない。日本人や日本文化を見下す露骨な「上から目線」の宣教師も、現在はまずいないだろう。

明治時代に入ってからも、しばらくはまだキリスト教に対して不利な政策もあり、偏見や差別も続いた。しかし、アジア太平洋戦争が終わってからは、憲法第二〇条で「信教の自由」も保障された。

村や町などのレベルでも、もう偏見や嫌がらせなどはなく、キリスト教徒であるがゆえに日常生活で不利益を被ることはありえないとほぼ断言できる世の中になった。日本語に訳された聖書は誰でも安価で購入できるようになり、一部では無料でも配られている。牧師や司祭も自由に宣教することが認められている。

キリスト教徒になることを阻害するものは、もう何もないはずである。

だが、それにもかかわらず、今も日本でキリスト教徒は増えない。

二一世紀現在、キリスト教文化についてはそれなりに知りつつも、決してそれを信じない約九九％の日本人は、どのような理由から「信仰」と距離を置いているのだろうか。

†キリスト教嫌いのパターン

現代日本でキリスト教を信じない人たちの、具体的な言い分を見てみたい。

渡邊直樹編の『私と宗教』は、一〇名の作家、芸術家、漫画家などに「宗教」についてインタビューをしたものである。そのうち二名がキリスト教についてネガティブな意見や思いを明確にしている。

まず一人は、数々の文学賞を受賞している作家の高村薫である。

彼女の母親は浄土真宗の寺の娘で、自らも子供時代はおじの寺の本堂で走り回って遊んでいた。その一方で、彼女はカトリックの幼稚園に入れられ、さらに大学はプロテスタント系の国際基督教大学を卒業している。

だが、高村は阪神淡路大震災をきっかけに、仏教にひかれていったと述べている。

彼女はインタビューのなかで、幼い子供時代に抱いたキリスト教のイメージについては「おそろしく暗い世界」と表現して、次のように述べている。

> 大半は礼拝堂などの物理的な暗さですけれども、身近にいた、ベールをかぶって、何かに仕える身の固さなんでしょうけれど、どこか自然ではないシスターという存在が苦手でした。（中略）何かを信じ込む世界に対しての違和感があったのだと思います。（二四頁）

特に彼女は「原罪」という考えにずっと違和感があり、また十字架の生々しさにも嫌悪感があったという。そして、違和感をもつということを、自分は素直に信仰することのできない悪い人間だと思い続けていたとも告白している。

それからしばらく後、高村は阪神淡路大震災を経験した。それが起きたとき、彼女は「キリスト教の原罪に対する違和感が爆発した」というのである。「六四〇〇人が神の思し召しで亡くなったと言われたら困るんですよ。それは絶対にいやだった」。

それまでも、各地の自然災害のニュースを見ることは当然あったが、やはり自分自身が巨大地震で揺さぶられたという体験は強烈だったようである。頭で考える以前に、身体が死を直感するという。彼女はその体験をして初めて、揺れていることに対して「神は関係ない」と感じたというのである。

確かに高村は、神はいない、ということを論理的に説明できるとは考えていないようだ。彼女によれば、地震で「死ぬか」という思いをしてからしばらくは頭が真っ白だったが、一週間ほどしてから、自分が「近代の合理主義から解き放たれたと感じた」とも述べている。

すなわち、神はいるかどうか、というその問い自体が近代合理主義的な発想であるが、「そんなところを飛び越えてしまった」「いてもいなくてもいいんです」という境地になったというのである（二七頁）。

†「ぼくは宗教嫌いなんですよ」

キリスト教について否定的な意見を述べているもう一人は、評論家の立花隆である。立花は、宇宙、医学、政治など実に幅広い分野について評論活動をした人物で、彼の母親は内村鑑三の流れをくむ無教会派のキリスト教徒だったという。

だが立花は、「ぼくは宗教嫌いなんですよ」という。「宗教を信じる人って、どこかおかしいんじゃないかと思ってます(笑)」(七九頁)とまで述べている。彼の言い分は次の通りである。

宗教を信じている人って、ものすごく自分の信仰に凝り固まるわけでしょう。凝り固まると、自分の信仰の狭い道をちょっとずれただけで、それはもう間違っている、ということになる。でも本当はそういうもんじゃないでしょう。(八〇頁)

立花は、『聖書』を信仰の究極的な基準とした宗教改革の立役者マルティン・ルターの信仰も、所詮は「活字信仰」であり、権威ある書物に書いてあることが真実だと思っているに過ぎないとする。『聖書』というものもその根拠はけっこう曖昧で、「そうとう怪しい本」だと言うのである。

二〇代の頃に世界中を旅した立花は、キリスト教関連の遺跡や施設も多く見て回った。そのなかで次第にキリスト教に対する疑いの念を持ち始め、「根本的に間違いだ」と思うようになったのは、四〇代後半くらいからだという。

彼は母親から、日本の伝統的な宗教なんて侮蔑すべきものと考えるような教育を受けていた。護摩《ごま》を焚いたり何かを拝んだりするのは馬鹿なことだと思っていた。

しかし、スペインに行くと、カトリックのミサでも同じようなことをしている。「ようするに宗教行為というのは、宗教の外にでるとはじめて、そのばからしさが見えるわけです」というのである。

立花は具体例として自分が遺跡や教会を多くみてきたキリスト教を挙げて話をしているが、キリスト教を仏教やその他の宗教と比べて特に批判しているのではなく、「宗教」そのものを問題視しているようである。

彼には臨死体験についての著書もあるが、実存的な問題としてそれに興味があるのではなく、あくまでもそうしたことを主張する人々がいるという現実について興味をもっているだけであり、彼の態度は徹底してリアリストのそれである。

立花にとって、目下の関心は「宇宙」のようだ。

宇宙が膨張しているというのは一九三〇年代にハッブルが見つけた。一九九八年に、その膨張は加速しているということがわかった。宇宙の膨張を加速させているのが「暗黒エネルギー」だとされるが、それ自体については何もわかっておらず、わかっているのは人間がそれにこのような名前をつけたことだけだというが、その後もさまざまな衛星が飛ばされて、宇宙とはどのようなものかについて研究が進められている。

立花は、そういった話の方がはるかに面白い、としたうえで、「宗教を信じてるなんていうのはばかみたい（笑）、ですよね、ほんとに」（一〇三頁）と、歯に衣着せぬ言い方をして、インタビューは終わっている。

†だいたいこのような理由でキリスト教を信じない

高村薫においては、とにかくキリスト教の雰囲気になじめず、巨大地震の経験をとおしてそれを確信した、というのであり、決してキリスト教についての知識がないためにそれを悪い方向へ誤解しているというわけではない。

彼女自身の表現ではないが、おそらく、キリスト教のカルチャーとはどうしても「肌が合わない」といった感じであることがうかがえる。

一方、立花隆においては、世界の諸宗教が完全に相対化されており、仏教も神道もキリスト教も同じ地平にある人間的営みに過ぎない。もちろん「この世」には今の私たちにはわからない多くの謎があるが、それらはあくまでも自然科学的な研究によって突き詰められねばならないと考えているのである。

これらはインタビュー（対話）形式で書かれているので、彼らの主張や思想は実際よりも大雑把に表現されてしまっている可能性はある。だが、これらは、キリスト教を信仰するつもりはないとする理由として、現代の多くの日本人が抱いているもののおおよそ典型的なものだと考えてもいいのではないだろうか。

早稲田大学の創設者である大隈重信《おおくましげのぶ》も、若い時に宣教師フルベッキに英語やその他の学問を教えてもらったことから、一年半ほど集中してキリスト教について研究してみたことがあるという。

しかし、結局大隈は、キリスト教を「大概浅薄《たいがいせんぱく》」にして「恰《あたか》も怪談奇談」のようだと述べ、「学識あるものに向かつては格別の価値なしと思へり」と評している（『大隈伯昔日譚』一五七〜一五八頁）。

大隈にとって、キリスト教は道徳的な教化の手段にはなるかもしれないが、所詮は怪談奇談、つまり単なるフィクションのようなものとしか感じられなかったのである。

そうした印象は、おそらく現在の多くの日本人も抱いているのではないだろうか。

†宗教は「教え」を「信じる」ことなのか

さて、ここで注目したいのは、宗教を「信じること」と捉えるという大前提である。

高村は「何かを信じ込む世界に対しての違和感」と述べていたし、立花も、宗教というものはすなわち何かを「信じること」だと捉えたうえで、それに対して否定的だったわけである。

宗教を「信じること」だと考えるのは、宗教に対して否定的な人だけではない。キリスト教徒のなかにも、とにかく「強く信じること」がすなわち「純粋な信仰」だと思っている人は多くいる。

いわゆる「カルト」とみなされる教団も、「宗教」とは「信じること」なのだという通念を利用して、信徒の健全な懐疑を封じることがあるようにも見える。

日本国憲法の第二〇条では、「宗教」と並んで「信教」という言葉も使われていて、それは文字通り「教えを信じること」を意味している。だが、宗教とはすなわち「教え」であって、それを「信じること」が信仰なのだというそもそもの理解は正しいのだろうか。

日本語に「宗教」「キリスト教」という言葉が出現・定着したのと同じ時期には、「哲学」という言葉も作られている。「哲学」は、先ほど挙げた津田真道と同時期にオランダに留学した西周《にしあまね》による造語で、智恵を愛する（philein + sophia）という意味のギリシャ語に由来する西洋語のphilosophyに対応するものである。

哲学とは何か、というのは難しい問いだが、しばしば、「宗教＝信じること」であるとしたうえで、それ対して、「哲学＝考えること」なのだ、と対比的に説明されることがある。だが「信じる」という行為は何も宗教に限ったものではなく、実際にはかなり多義的である。

宗教とはすなわち「信じること」に他ならないとすると、キリスト教徒たちが本当に「信じている」のかどうかは、どうしたら確かめることができるのだろうか。

世界のキリスト教徒のなかには、「教え」をきちんと理解したり実行したりはしていないように見える者も多くいるが、それでも彼らはその宗教を「信じている」と言えるのだろうか。「信じる」のが信仰だとすると、「疑う」ならばその人はクリスチャン失格ということになりそうだが、信徒や牧師たちは、本当に一ミリたりとも「疑う」ことがないのだろうか。

次章では、こうした問いについて考えてみたい。

第六章

疑う者も、救われる

マザー・テレサ（写真提供：UPI＝共同）

1　信徒たちの「信仰」とはいったい何か

†信徒たちは本当に「信仰」をもっていたのか

かつての「バテレン門徒」「キリシタン」たちは、キリスト教を信じていたから、そのように呼ばれ、あるいはそのように自称してきた。

だが、ザビエルからのわずか数十年で何十万人にもなっていた信徒たちは、そもそもキリスト教を正しく理解していたのだろうか。信徒たちに本当に「信仰」があったのかどうかは、厳密には確かめようがない話である。

日本で司祭や牧師が自由に宣教し、誰でも自由に『聖書』を手に取ってそれを読み、望めば神学や教会史も学べるようになったのは、つい最近になってからの新しい傾向である。

かつての日本人には、キリスト教に関する知識や情報を得る機会は極めて少なかった。指導者も少なく、日本語のつたない宣教師による説教くらいしかその宗教について知る手段はなかった。しかし、それにもかかわらず、かなりの数の人々がその宗教を「信仰」してきたというのは、思えば不思議な話であろう。

戦国時代では、宣教師が一日で何百人にも洗礼を授けた、という話も珍しくない。新約聖書の「使徒言行録」二章四一節にも、ペトロの言葉を聞いて人々は洗礼を受け、「その日に三千人ほどが仲間に加わった」と書かれている。

だが、現代の感覚からすると、一度に何百人とか何千人が洗礼を受けたと言われても、その人たちは本当にその時点から「信仰」を持ち始めたと言えるのか、と疑問に思われるだろう。知識人ではない庶民たちのキリスト教理解が本当に十分なものだったのかどうかといえば、それはかなり疑わしいと考えるのがむしろ自然である。

信仰へのプロセスに関しては、一九世紀の内村鑑三の場合もなかなか特殊である。

彼のキリスト教入信のきっかけは、札幌農学校で上級生たちによって「イエスを信ずる者の契約」に無理やりサインをさせられたことであった。

内村は、自伝的著作『余はいかにしてキリスト信徒となりしか』（鈴木範久訳）で、そのサインは「私の意志に反して強制されたものでした」（岩波文庫版、三一頁）と述べている。

後に内村は日本を代表するキリスト教徒となるが、彼はサインをしたその時に「回心」したわけではない。

†信徒ならばキリスト教を「理解」しているとは限らない

一般論として、人は自分が一切理解できていないものを「信じる」というのは不合理なので、何かを「信じている」というのならば、その人は自分が信じているものについてある程度は理解できているのだろう、と考えるのは自然である。

そして、ある物事について理解できているというのならば、他人にそれを説明できなければならない。ちゃんと説明できないならば、実はその人は理解できていない、と見なされるものである。

しかし、実際にはすべてのキリスト教徒が、例えば「神」についてうまく説明できるとは限らない。

神は目には見えず、その声も普通には聞こえない。「神」はこの世の悪についても災害についても「沈黙」し、善人が苦しむ理不尽な現実も放置している（ように見える）。

そんな「神」とはいったい何なのか、どういう存在なのか、と問われれば、牧師や司祭や修道女たちでさえ、誰もが納得できるように説明するのは難しいであろう。一般信徒であればなおさらである。

キリスト教の教義や思想には難解な部分もあり、文化や歴史もけっこう複雑だ。基本的な部分でさえ、きちんと理解するにはかなりの時間と手間がかかる。

また、仮にキリスト教の教義、神学、歴史、文化について見事に説明ができたとしても、そのこと自体は単に「知識」ないしは「学識」があるということを意味するだけであり、必ずしも「信仰」があることの証明になるわけではない。

第三章でも挙げた宮崎賢太郎は、『潜伏キリシタンは何を信じていたのか』のなかで、一六～一七世紀の民衆キリシタンのほとんどは、領主の世俗的な目的のためになかば強制的な集団改宗によって生まれたのだから、キリスト教の思想や教えなどはほとんどわかっておらず、「真正なキリスト教徒たりえなかったのはごく自然ななりゆき」だったと述べている（四〇頁）。

宮崎によれば、「受洗したおおくの人びとが心から回心して、敬虔なキリシタンになったというイメージを抱いている現代人が多いが、それは作りあげられた幻想にすぎない」（八三頁）というのである。

この指摘は、基本的には正しいと思われる。だが、キリスト教を正確に理解していたかどうかが怪しいのは、かつての日本のキリシタンたちだけではない。

同じ時代のヨーロッパの民衆キリスト教徒たちは、キリスト教が今よりもはるかに大きな影響力をもつ社会に生きていたが、それでも「三位一体」の教義や、四つの福音書のあいだの差異や、パウロの言葉の意味などについて、きちんと理解し、他人にしっかり説明できたとは考えにくい。

活版印刷が発明され、製本技術が向上し、教育が普及して識字率が上がる以前は、ほとんどの一般のキリスト教徒たちは、個人で聖書を所有することさえありえなかった。

キリスト教徒ならば、ちゃんと聖書を読んでおり、こまごまとした教義や思想や歴史もある程度は理解していて当然、それでこそ「真正なキリスト教徒」だ、というのは、極めて現代的な見方に過ぎないのである。

†「理解」していない信徒も、その宗教を支えてきた

現在でも、多くの教派には「幼児洗礼」がある。

幼児洗礼とは、文字通り、幼児や幼い子供に洗礼を授けることである。当然ながら、赤ん坊や幼い子供たちはキリスト教の教義も、歴史も、思想も知らない。本人は自分が知らないということにさえ気づいていない。

しかし、大人の信徒たちは幼児洗礼を受けた赤ん坊や子供たちを、「何も知らない」にもかかわらず、信徒だとみなしている。つまり、無知でも信徒でありうるのだ。

幼児洗礼を受けた子供たちは、成長するにつれてだんだんとキリスト教徒であることを自覚するようになっていくことを期待される。だが、もちろん単に成長して大人になりさえすれば

キリスト教を理解できるようになるとも限らない。

これまでのキリスト教史のなかで「キリスト教徒」としてカウントされてきた人々の大部分は、実は、キリスト教の何たるかを大して理解していなかったと言っても過言ではない。実際の「キリスト教」は、そうした無数の人々によってこそ支えられ、継承されてきた。それで二〇〇〇年間やってきたのである。

ただし、こうした傾向はキリスト教に限った話ではない。

現在の日本でも、家族が亡くなれば仏教の僧侶を呼んで葬儀をおこなう人が多いが、僧侶が棺の前で唱えるお経の意味を正確に理解できている人は決して多くないだろう。

しかし、無知であっても、その葬儀に対する取り組み自体は真剣なものであるはずだ。

お経の意味を理解できていないからといって、あるいは「仏教思想」をきちんと解説できないからといって、葬儀に僧侶を呼んだ家族の思いが虚偽だということにはならない。いちいち「あなたは真正な仏教徒ではない」などと非難する人もいないだろう。

†「濃い宗教」と「薄い宗教」

中村圭志《けいし》は『教養としての宗教入門――基礎から学べる信仰と文化』のなかで、「濃い宗教」と「薄い宗教」という言葉を用いている。

「濃い」レベルの宗教というのは、神仏の絶対的な救いを信じて、普段から祈りや念仏などを欠かさず、ときには排他的になるほど堅くその信仰を守るような、少数の人々による濃密な営みのことを指す。

それに対して「薄い」方は、もっと広く浅く、知識や習慣といったレベルで大衆に受け入れられているもので、社会的儀礼あるいはその文化の共通語彙のような形で維持されているものを指している。

中村によれば、この「濃い宗教」と「薄い宗教」はニワトリとタマゴの関係のように、どちらが先かはわからないものだという。

信仰が篤く熱心にそれを実践する少数の宗教家がいるからこそ、多くの人々も時折は神や仏といった事柄に耳を傾けようという気になり、社会全体がその宗教に基づく慣習や語彙をもつようになる。

だが逆に、すでにその社会のなかに神や仏に基づいた慣習やものの見方が広く薄く根付いていてこそ、そのなかからその信仰を深く実践する個人が現れることができるというわけである。

宗教という営みは、こうした「濃い」レベルと「薄い」レベルの両方から見ていくことが重要だとされる。

宮崎は「真正なキリスト教徒」という言葉を使っていたが、では、それはいったいどんなキリスト教徒のことなのだろうか。彼自身によれば、それは「一神教たるキリスト教の教えを正しく理解し、唯一絶対なる神の存在を信じ、聖書の教えに従って生きるといったような意味」(宮崎、前掲書、四〇頁)だという。

すなわち、「理解し」「信じ」「生きる」という三つを挙げているわけで、言わんとしていることはわかるが、それぞれにおいて「真正なキリスト教徒」のレベルに達していると胸を張れる信徒は、実際にはどれだけいるだろうか。宮崎自身もそのことは承知しており、そんなキリスト教徒は「まれ」であると述べている。

はじめの「理解」という点だけならばどうにかなりそうに思われるかもしれないが、では、信徒たちは、かなり基本的な部分であれば、その宗教の思想や文化を非キリスト教徒の多くが理解できるように解説できるのだろうか。実際には意外と難しいはずである。

†キリスト教は本当に一神教?

一例として、キリスト教は「一神教」だという極めて基本的なポイントについて見てみよう。実際のところ、キリスト教には、本当に厳密な意味での一神教といえるのかどうかについて疑問が持たれても仕方がない面もある。

まず、カトリック教会や正教会においては、いわゆる「聖人崇敬《すうけい》」があるからだ。

「聖ヨハネ」「聖トマス」「聖アグネス」など、さまざまな聖人の名前は教会のみならず学校や病院にもつけられている。「聖母マリア」の像は、カトリック教会においてはイエス像や十字架よりも目立つ場所に置かれていることもあり、聖人の遺体、あるいは遺体の一部の骨なども「聖遺物」として丁重に保管・展示されている。

キリスト教徒は自らの宗教を「一神教」だと言っているが、非キリスト教徒からすれば、多くの神的存在を拝んでいるようにも見えるわけである。

だがカトリック教会の側は、自分たちはそうした聖人に向かって礼拝しているのではなく、聖人そのものを信仰しているのでもなく、あくまで「崇敬」しているだけなので、多神教でも偶像崇拝でもないと説明する。キリスト教徒の信仰対象は、唯一の神だけだからである。

だが当然、これはそのように考える信徒のあいだでのみ通じる理屈、ないしは自己申告であって、客観的に判別できるわけではない。

また、キリスト教を特徴づけるものの一つに、三位一体論と呼ばれる神の内的構造と働きとをあらわす教義がある。

この「三位一体」という用語それ自体は、イエスが口にしたものではないし、聖書に書かれているわけでもない。後の教父や神学者たちによって形成されたものであるが、これがまた非常に難解だ。

キリスト教において「神」は一つである。だからこそ「一神教」なのだが、天上の超越神である「父」なる神の他に、「子」であるイエス・キリストも神であり、「聖霊」も神だとされる。ところが、決して「三神教」であるとはせず、三つの「位格《ペルソナ》」が一つの「本質」であるとか、三つの「自存者」が一つの「実体」において一致するなどと説明され、とにかくあくまでも神は一つだとされる。一つだが三つ、三つだが一つ、なのである。

よくわからない理屈に思われるだろうが、はっきり言って、一般のキリスト教徒たちの多くも、実際には他人にうまく説明できないまま「信仰」している傾向が強い。

一五世紀ロシアの有名なイコン画家に、アンドレイ・ルブリョフという人物がいる。彼の代表作に、三人の天使を描いたシンプルな構図の作品があるのだが、それはただの天使たちの絵ではなく、「至聖三者《しせいさんしゃ》」というタイトルで呼ばれている。

至聖三者とは、いわゆる三位一体のことを指す正教会の訳語である。三位一体の神そのものを描くことはできないため、それを象徴するものとして、アブラハムのもとをおとずれた三人の天使（「創世記」一八章）を描いていると説明されている。

だが、三人の天使を描いたものをもってして三位一体の神を意味するとみなす伝統があるのだといっても、非キリスト教徒の目には、どうしても「三人の神」が描かれているかのように見えてしまうだろう。一般信徒はこれをどう説明できるだろうか。

三位一体については膨大な議論の蓄積があってただでさえ難解だが、正教会の芸術などをも視野に入れてトータルにキリスト教のこの部分を解説するのは、長年の信徒であってもかなり骨が折れるであろう。

†「神の使者」と「キリストの代理者」

このような例もあることを鑑みると、そもそもキリスト教において「天使」とはいったい何なのかについても、解説するのはけっこう難しいことに気付く。

キリスト教の内部において、「天使」はいちおう神と人間との中間的存在として両者を仲介するものということになっている。信徒は天使に「礼拝」を捧げたり、聖人に対するのと同じように「崇敬」したりはしない。

天使の観念自体は、ゾロアスター教にまでさかのぼるとも言われているが、カトリックの教義を解説した『カトリック教会のカテキズム』(日本カトリック司教協議会教理委員会訳)では「天使」は「霊的存在者」であり「神の使者」(三二八〜三二九項)とされている。「天使」という言葉の原義は神の「使い」「使者」であるが、旧約聖書でも新約聖書でもそれに関する記述は実にさまざまで、要するに何なのかは曖昧だ。

「創世記」一九章などでは人間の姿をとっているが、「ヘブライ人への手紙」一章一四節では

「奉仕する霊」と書かれている。ところが、「ペトロの手紙二」二章四節では、神は罪を犯した天使を縄で縛って地獄に引き渡した、などとも書かれているのである。

一方、「受胎告知」などを題材としたカトリック圏の美術作品に目を向けると、一般の人々はこれまで「天使」を、ときおり人間に何かを語りかけてくる超自然的かつ人格的な存在、と理解してきたようでもある。

四〜五世紀の神学者、アウグスティヌスによれば、「天使」という言葉は、本性ではなく「役目」を指す言葉なのだとされている。彼の説明では、天使の「本性」は「霊」であり、霊の「役目」が「天使」だというのである。

一三世紀の神学者トマス・アクィナスも、大著『神学大全』で天使についてかなりの紙面を割いて論じている。天使とは誰でも同じように理解できる簡単明瞭なものではなく、いろいろと考え論じる必要があるからに他ならない。

中世哲学の研究者である稲垣良典《りようすけ》は、『天使論序説』でこれまでの天使論を大変わかりやすく解説しているが、一般の信徒で「天使とは何か」をきちんと説明できる人はどれだけいるだろうか。

カトリック教会の頂点に立つ「教皇」は、「教会の上に完全・最高・普遍の権能」を有するものであり、さらに「キリストの代理者」(Vicarius Christi)とも呼ばれている(『カトリック教会のカテキズム』八八二項)。

「キリストの代理者」(代理人)という言葉からは、実質的ないし便宜的には同一とみなすような印象を受けるが、では、この「キリストの代理者」と、「神の使者」(=天使)と、神と人との「とりなし」(仲介)をするとされる崇敬対象の「聖人」とは、結局それぞれどういう関係にあるのだろうか。

カトリック神学・文化の研究者の方々からすれば、これらはくだらない問いかもしれない。だが、一般信徒の方々は、これら一見したところ表面的な事柄について、日本人の九九%を占める非キリスト教徒も理解できるように解説することができるのだろうか。それとも「よくわからないけれど信じている」だけなのだろうか。

カトリック、正教会、プロテスタントには、確かにそれぞれ異なる考え方や伝統がある。しかし、非キリスト教徒からすれば、みな同じ「キリスト教」だ。信仰があるというのならば、肯定的であれ否定的であれ、他の教派のことも少しは説明できなければいけないようにも思われる。

†聖書の教えに従わなくても「キリスト教徒」である

信仰する宗教に関し、こうした知識の面にばかりこだわりすぎると、一部の信徒たちからは、

「信仰とはそういう知識だけの問題ではない、生き方の問題である」とお叱りを受けるかもしれない。

確かにそうした意見もよくわかる。「信仰」は、単なる倫理や道徳に還元できるものではないけれども、広い意味での生き方に関わっていると考えることは正しい。

しかし、では、「真正なキリスト教徒」の方々は、毎日本当に、聖書に従って生きている、と言えるのだろうか。それもまた、実際にはかなり怪しいと思われる。

そもそも聖書の「教え」のなかには、人間には実行がほぼ不可能なものもある。卑近な例として、「マタイによる福音書」五章にある次のような有名な一節を挙げよう。

みだらな思いで他人の妻を見る者はだれでも、既に心の中でその女を犯したのである。もし、右の目があなたをつまずかせるなら、えぐり出して捨ててしまいなさい。体の一部がなくなっても、全身が地獄に投げ込まれない方がましである。

古今東西、キリスト教徒のあいだでも不倫だの何だのといった問題はいくらでもある。そもそも旧約聖書に、ダビデ王が部下の美人妻を奪うというスキャンダラスな物語が記されているように(「サムエル記 下」一一章)、男女間の問題は人間社会に普遍的なものだと言ってもよい。

だが、これまで実際に自分で自分の目をえぐり出して捨てたキリスト教徒など、見たことも聞いたこともないであろう。つまり、世の男性キリスト教徒のほとんどは、聖書のこの教えには従っていないわけである。

多くのキリスト教徒は、この「みだらな思いで他人の妻を見る者は……」という聖書の文言を文字通り受け取るのは間違いだ、誤解だ、と言うかもしれないが、決して揚げ足取りをしたいわけではない。

ではもっと重要な問題として、「平和」の教えに目を向けてみよう。

「だれかがあなたの右の頰を打つなら、左の頰も向けなさい」「敵を愛しなさい」「剣を取るものは、剣によって滅びる」というイエスの言葉は、キリスト教徒でない人でも知っているくらい有名だ。

現に聖書にそう書いてあるのだから、聖書の「教え」を実践せよというのならば、書かれているその通りにするしかない。

ところが、普通のキリスト教徒は、殴られれば殴り返して正当防衛を主張する。少なくとも防御はするだろう。自分自身は手を下さなくても、警察官など誰か他人を使って、相手を力ずくで押さえつけさせたり、刑務所に閉じ込めさせたりするであろう。

殴られても何の抵抗もしなかったり、物を盗られてさらに別のものまで差し出したりするようなキリスト教徒など、実際にはほとんどいない。本当に「敵を愛し」たら、キリスト教文化圏で戦争など起きるはずがない。

これらの聖書の言葉も、必ずしも現実における暴力の是非そのものを論じているわけではないと解説されることがある。だが、いずれにしても、キリスト教は平和主義を標榜しているにもかかわらず、主流の教派は昔も今も「正戦論」の立場をとっている。つまり条件付きで暴力や武力行使（軍事力や警察力）を認めているのだ。

二〇〇〇年におよぶキリスト教の歴史において、信徒の大半が完全な絶対平和主義者・非暴力主義者になったことなど、いまだかつてないのである。

†キリスト教国にもスリがいる

先ほど挙げた内村鑑三の『余はいかにしてキリスト信徒となりしか』には、信仰と道徳の矛盾に関するいくつかのエピソードも書かれている。

英語によって学問と聖書を学んだ内村は、英語国でありキリスト教国であるアメリカを特別な国だと思い込み、「聖地」のイメージさえ抱いていた。

ところが、実際にアメリカに行くと、着いてすぐに仲間の日本人が財布をすられてしまい、内村はキリスト教国にもスリがいる、ということに衝撃を受けたのであった。

それから後、内村自身も絹の傘を盗まれるなど、アメリカはキリスト教国であるにもかかわらず、異教徒の国である日本よりもはるかに物が盗まれやすく、扉や窓のみならずタンスや引き出しなど、いたるところに鍵がかけられていることにも驚いている。

内村は「キリスト教国の非キリスト教的な特徴」として、瀰漫《びまん》したギャンブル癖、スペインの闘牛よりも残忍なボクシング、大がかりな酒の密売買、宗教の諸教派間の嫉妬、夫婦間の偽善的な愛、などを挙げている。

そして彼は、「ヨーロッパとアメリカとを形成した宗教は、たしかにいと高きところより来た宗教であると、私たちに言い切った宣教師たちは恥ずかしくないのでしょうか」（一六四頁）と辛辣な感想を述べている。

キリスト教国だからといって、その国民がみな清く正しく生きているわけではない。当たり前だと言われるかもしれないが、それは「宗教」というものについて考えるうえでは重要な現実である。

キリスト教徒のあいだでも、犯罪や喧嘩やいじめはある。皆がキリスト教の「教え」に一〇〇％従って生きているわけではない。人間は宗教の影響を受けて生きるものだが、宗教だけでコントロールできるほど人間は単純ではない。

さて、こうしてみると、結局問わざるをえないのは、信徒たちが「知識」の面でも「生き方」の面でも不十分であるにもかかわらず、それでも「信仰」がある、と主張するときの、その「信仰」とはいったい何か、という問題である。

「信仰とは何か」というのは神学の根本問題であり、この小著で簡単に回答を示せるはずがないが、以下ではこの問いを少し嚙み砕いて再考の糸口をさぐってみたい。

†背教者と信仰

これまで、キリスト教の歴史においては、「正統」と「異端」の論争や対決が繰り返されてきた。

古くは四世紀初頭のアレイオスとアタナシオスたちの論争があり、やがてカトリック教会と東方正教会の衝突があった。宗教改革の一〇〇年前にはフスが異端として火刑に処せられ、ウィクリフはすでに死んでいたのにあらためて異端とされ、わざわざ墓が掘り起こされて遺体と著書が焼かれるなどした。

だが、何が正統かというのは著しく主観的なものであり、正統と異端の関係は流動的である。かつては「異端」とされたものが、時を経て「正統」的なものと認識されることも珍しくない。

近代日本思想史の研究者である武田清子《きよこ》は、日本人のキリスト教受容について考察するにあたり、ある一つのタイプの「背教者」に関心を寄せている。

武田のいう背教者とは、単純な意味でキリスト教を捨てたとかそこから離反したといっただけの者たちを指すわけではない。彼女は「正統と異端のあいだ」という独特な表現で彼らのことを説明している。

武田によれば、近代日本においては、「正統」とされたキリスト教および教会のあり方に満足できず、あるいはそれに躓いた者たちが多くいた。

しかし、彼らは、キリスト教の教義や思想の理解や解釈について、あるいは教会制度のあり方について、何か別のものを主張することで「異端」となり、そこで戦って自らこそが「正統」だと主張するような意欲も関心もなかった。そんな彼らは教会を脱退し、キリスト者の群れから離れ、背教者と呼ばれることになる。

だが、彼らは、それでキリスト教と全く無縁になり、あるいはキリスト教を攻撃するようになったわけでもない。

武田のいう「正統と異端のあいだ」の人々とは、彼女自身の表現によれば、「正統」と「可能性としての異端」との両極の緊張関係をもってつなぐ一直線の中間に身を置きながら、「その線の外へ、すなわち、その線を底辺として、非キリスト教文化・社会の領域に向かって、三角形のもう一つの極(頂点)をつくるような形」で、キリスト教から投げかけられた問いを考え抜こうとする人々なのである(『正統と異端の〝あいだ〟』九四〜九五頁)。

結果的には「教会」や「キリスト者の群れ」からはみ出すことになってしまった者たちのなかにも、キリスト教の基本的メッセージを誠実に受け止めて、それと自覚的に相剋し、真の意味での近代化を志向し、悩みながらも道を切り開こうとした者たちがいた。武田は、そんな彼らの思想を積極的に検討しなおす必要もあるというのである。

†キリスト教の「受容」とは何か

近代日本のプロテスタントにおける背教者の問題は、個々人の信仰や思想の問題であるにとどまらない。

武田によれば、そこには日本という土地にキリスト教が根を下ろそうとする際の、未熟な教会が内包していた信仰的・思想的なゆがみの露呈という問題も含まれているとされる。

彼女は、「背教という形をあえてとりながら福音が真の意味でこの国の精神的土壌、歴史的現実に根をおろす道を開拓的に探求する思想的、信仰的試みである場合もあったと考えられる」（『背教者の系譜――日本人とキリスト教』一三五頁）とも述べている。

こうした見方もあることを鑑みると、何をもってしてキリスト教を「受容」したと判断するか、あるいは「信仰」をもっていると判別できるかというのは、実際には非常に微妙な問題であることがわかるだろう。

ある人々からは「異端」だとされた人や考え方も、時代が変われば「正統」だとされる。また、「背教者」と見なされた人たちのなかには、自称キリスト教徒たちよりも真摯に物事を問い、考え抜こうとしていた人たちもいた。

一見キリスト教を拒絶しているような態度に見えても、根底においてはむしろ真の意味で「信仰的」だといえる場合もありうる。逆に、一見キリスト教信仰があるかのようなポーズをとっていても、根底においてはむしろ「非信仰的」な場合も十分にありうる。「信仰」の有無や真偽は、本人の自己申告や、客観的な観察だけで簡単に判別できるものではない。そもそも、「信仰」について、「ある」とか「ない」とか表現することが妥当なのかについても、あらためて考えるべきかもしれない。

†「信じる」のは宗教に限った話ではない

ところで、そもそも「宗教」とは何なのだろうか。「宗教」はどう定義できるのか。素朴な問いであるが、「宗教」という概念は定義することが非常に難しいのである。

もし「宗教の定義」を、宗教とみなされる全ての現象に当てはまる普遍性を有し、かつそれ以外の現象には当てはまらず、宗教現象にだけ当てはまるという固有性をもつものであるとするならば、「宗教」を定義することは不可能であろう。それがほとんどの宗教学者の共通認識である。

普通は「宗教」といえば、キリスト教・イスラム教・仏教などを思い浮かべる。だが同時に、ファシズムや共産主義など、いくつかの政治的主義の「宗教性」が指摘されることもある。占い、おまじない、オカルト、開運商法、スピリチュアル系文化、社会的道徳、自己啓発など、伝統的宗教ではないけれども広い意味では「宗教的」と言いうるようなものもいろいろある。宗教法人にはなっていなくても、明らかに宗教的な組織もある。

日本では、公金の支出をともなう地鎮祭、忠魂碑建立、慰霊行事などが、いわゆる「政教分離原則」に反することになるのかどうかについて、裁判で争われたりもしてきた。「宗教的行為」をどのように捉えるのかについては今もさまざまな議論がある。

宗教学では、各論考の目的によって、その都度便宜的に「宗教」を定義することはある。だが、「宗教」と「宗教でないもの」とのあいだに、普遍的な境界線を引くことはできないのである。

さて、「宗教」はそのように曖昧なものではあるが、一般には、とにかく「信じる・信じない」の問題として議論されることが多い。

だが、「信じる」という言葉の意味を、さしあたり辞書的に「疑わず本当だと思い込むこと」「信頼し、疑わないこと」と理解するならば、「信じる」のは決して宗教に限った話ではない。

例えば、私たちは富士山の高さが三七七六メートルだということを知っているし、月の重力は地球の六分の一だということも知っている。だが、私たちがこれらを「知っている」のは、私たち自身が自らの手で測ったり調査したり計算したりして確かめたからではない。教科書に書いてあるから、あるいは先生が教えてくれたから、そうなのだと「信じている」だけである。「勉強」や「学習」とは、まずは本の記述や教師の言葉を「信じる」ことから始まる場合が多く、何も信じないならば人はなかなかものを学ぶことができない。

貧乏人も金持ちも、銀行預金口座の額やお金の価値を「信じている」。人権擁護運動家たちは、人権というものの存在を「信じている」。

多くの人は、美術館に展示してある芸術作品は本物であり、かつ価値があると「信じている」し、またある人たちは、ブランド物の服やバッグを身につけることは格好いいことなのだと「信じている」。

では、これらのような意味での「信じる」と、宗教を信じるという時の「信じる」とでは、何が違うのだろうか。「信じる」という言葉は極めて多義的だ。

「信仰」は神に対するもので、「信頼」は人間に対するものだ、と説明する人もいるだろう。だが、「宗教」それ自体は人間がつくったものに過ぎないから、「宗教を信じる」と表現する限りにおいては、その「信じる」は「信仰」ではなく「信頼」であると言えなくもない。

では、神に対する「信仰」は、「神を信頼する」というのとどう違うのだろうか。こうした話はかなり込み入った議論になるだろう。

†宗教とは思考の停止なのか

一般向けにわかりやすい「哲学エッセー」を残して多くの読者を得てきた作家の池田晶子《あきこ》も、何カ所かでこうした問題について触れている。

池田は『考える日々　全編』で、自分は宗教的な事柄について考えるのは大好きだと述べ、神や宇宙、人生、存在について考えを巡らせていると飽きることがないという。

ただし、それはあくまでも「考える」から飽きないのであって、「信じて」しまったら「そこでおしまい」だというのである。

池田は、いわゆる宗教の信者たちの姿勢を、「信じる」ことでもって考えるべき問題について考えることをせず「それっきりにしている」と解釈する。彼女によれば、「信じる」というのは「自在に考える自由を放棄して、ひとつの考えに縛られることでしかない」のであり、そうした意味で「信教に自由はない」（二九五頁）とも言っている。

宗教を「信じること」は、彼女が最も尊重している「考えること」とは大きく異なる行為として捉えられているのだ。

彼女は同じ文章で、自分は「信じるよりも考えるほうが好き」だとも述べており、それはつまり、彼女には「宗教」よりも「哲学」の方が性に合っているという意味である。だが、宗教というのは果たして本当に「信じること」に他ならず、それは「考えること」とは大きく異なり、「自由を放棄」した縛られた態度に過ぎないのだろうか。

宗教に関する池田の議論はこれだけで終わっているわけではない。

彼女は他の著作、例えば『人生のほんとう』では、「たぶん禅以外の宗教というのは、人生に意味を与えることで救うものだと思います」と述べ、「意味を求めている限り、人は救われないんです。非常に逆説的ですが、意味を求めてはだめなんです」と述べている（一一二頁）。彼女によれば、「人生すなわち存在」については、「意味がない」という意味での「無意味」ではなく、意味「ではない」という意味での「非意味」ということに気付くことが、「救い」なのかもしれないというのである。

また池田は、福音書でイエス・キリスト自身があくまで「喩え」で語っていたということは、つまり「信じ込むな」ということだったのに、それにもかかわらず後の信徒たちは二〇〇〇年間も「信じ込んできてしまった」とも指摘している（一一六頁）。

こうした文脈からすると、彼女自身は宗教を「信じること」と捉えているのではなく、宗教を「信じることに他ならない」としてしまう多くの信徒たちの姿勢を問題視しているようにも読み取れる。

このように、池田自身はわりと丁寧に宗教について議論しようとしているのだが、やはり一般的には、宗教といえば、すなわち何かを「信じること」だという程度の理解で済まされてしまうことが多いのではないだろうか。

これは、自称無宗教の人のみならず、何らかの信仰をもっている人にとっても大変重要な問題である。というのも、キリスト教史のダークサイドからいわゆるカルト問題まで、およそ宗教の諸問題の原因は、各宗教の個別的側面だけでなく、そもそも宗教を「信じること」に他ならないと思い込んでしまっている点にもあると考えられるからである。

確かに「信仰」には、素朴な意味での「信じる」という要素も含まれており、それを否定することはできない。しかし、何かを真理だと信じ込んで「疑わないこと」、すなわち「思考の停止」が信仰なのかというと、決してそう単純なものではない。「信仰」という営みは、もう少し柔軟に理解されるべきものであるようにも思われる。その一例を見てみよう。

2　信じなくてもいい

†どんな芸術が「宗教的」なのか

二〇世紀に活躍したプロテスタントの神学者・宗教哲学者に、パウル・ティリッヒという人物がいる。カール・バルトなどと並び現代神学においては重要な人物の一人であるが、そんなティリッヒは、独特な宗教芸術論を論じたことでも知られている。

彼は、一般には「宗教芸術」と見なされている作品のいくつかを非宗教的だと批判し、逆に、一般には世俗的な作品だとされているいくつかのものを「宗教的」な芸術だと評価したのである。

例えば、ティリッヒは、やわらかな光の中で優しげに子供に手を差し伸べているような感傷的なイエスの絵は、「キッチュ」（低俗で安っぽいもの）であり、「非宗教的」だとして辛辣に批判した。それらは、人間の実存的窮境から目を背け、単に宗教的象徴を題材にしただけの甘いセンチメンタリズムに過ぎないというのである。

そのような芸術は、人間の置かれている現実を誠実に直視することなく、むしろそれらから目を背け、表面的にのみ宗教的であることを装った欺瞞だとされる。彼はルネサンスの時代のいくつかの宗教画に対しても、それらは「人間的完成の幻」に過ぎないとして、その宗教性を躊躇なく否定した。

一方で、ティリッヒはムンク、ゴッホ、ピカソなど、彼の時代にとっての現代芸術家たちが描いた風景や静物やただの人物像の方が、人間の苦悩や自らの存在の意味についての問いが誠実に表現されているという点で「宗教的」であると評した。

ティリッヒによれば、芸術は描かれているものが世俗的なものであったとしても、「宗教的な問いを根源的に提起し、そしてこの問いがそこから出てきた状態、すなわち人間の窮境、に直面する力と勇気をもっている」（前川道郎訳『芸術と建築について』一二一頁）ならば、「宗教的」なのである。

もちろん、ティリッヒは芸術作品に伝統的な宗教的象徴を題材として用いること自体に反対しているわけではない。彼は、グリューネヴァルトの「イーゼンハイムの祭壇画」や、ジョルジュ・ルオー、エル・グレコの作品など、一部のいわゆる宗教画の「宗教性」も高く評価する。しかし、彼は芸術が「宗教的」であるか否かは、そこで描かれている題材が伝統的な宗教的象徴であるかどうかとは関係なく、あくまでもどのように生の現実が直視され、表現されているかが問題だとするのである。芸術的創造における「表現」は、宗教的「問い」とパラレルに捉えられるのだ。彼は次のように述べている。

芸術が宗教的であるためには芸術は宗教的対象物を扱う必要はない（中略）。芸術は、それがいわゆる宗教芸術であろうと、いわゆる世俗芸術であろうと、宗教的でありうる。究極的な意味と存在の経験がそれにおいて表現されているかぎりは、それは宗教的である。ただそのことが、造形芸術と建築の神学の構築にとって決定的なのである。（二三四頁）

†信仰は「究極的な関心」である

合計八八名もの画家を例に挙げて議論されるティリッヒの宗教芸術論については、ここではこれ以上詳述しない。

少々恣意的な芸術論でしかないようにも思われるかもしれないが、元来は神学者・宗教哲学者である彼のこうした議論は、つまりは「信仰的であるとはどういうことか」に関する議論から派生したものなのである。

ティリッヒの芸術論の根底にあるのは、噛み砕いて言えば、一見「宗教的」であっても実は「宗教的」とは言い難い物や態度がこの世にはあり、逆に、一見「非宗教的」に見えても実は「宗教的」とみなしうるものもある、という素朴な認識である。

だから彼は、一部の世俗芸術に宗教的価値を認めただけでなく、同時に、一部の宗教芸術に対しては、「危険なほど非宗教的」だとか、「われわれの時代の状況を理解しているだれもがそれと戦わねばならないもの」とさえ言って批判したのである（一二三頁）。

ティリッヒは、「宗教」ないし「信仰」を、自己の存在の意味にかかわる「究極的な関心」(ultimate concern) であると説明した。逆に言えば、伝統的な宗教的象徴を単に模倣することや、ただ機械的に継承することとそれ自体は、「信仰」とは関係ないということでもある。

何かを真理であると信じ込むこと、思い込むこと、鵜呑みにすることが信仰なのではなく、自らの存在の意味について「究極的な関心」を抱き、またそうした関心事に捉えられ支えられていることが信仰だとされるのである。

†疑う者も救われる

そして、重要なのは、ティリッヒのこうした意味での「信仰」は、「疑う」（懐疑）という要素を抑圧してゼロにした思考停止のような姿勢ではないという点である。

ティリッヒによれば、懐疑を抑圧することは、むしろその信仰を危険なものにしてしまう。彼において「懐疑」は、信仰に反するものではなく、むしろ信仰が創造的なものであるために不可欠な要素だとされるのである。

ティリッヒは、『信仰の本質と変化』という著作のなかで、「真摯なる懐疑は信仰の確証である」と述べている。彼によれば、信じろと命令することも、信じようとする意志も、信仰を生じさせることはできない。重要なのは、「信じると同時に疑っている事柄にかかわっている状態の真剣さと究極性」なのである（大宮溥訳『ティリッヒ著作集』第六巻、八四〜八五頁）。

ティリッヒは『プロテスタント時代』という著作においても、「すべての深い疑いのなかには信仰がある」と述べている。彼によれば、「神を真剣に否定する者は神を肯定している」という逆説があり、人は「罪人」として義とされるように、「疑い」のなかでこそ真理のなかに立つというのである（古屋安雄訳『ティリッヒ著作集』第五巻、一六〜一七頁）。

人は、知的に誠実であればこそ「疑う」ことができる。そして、自分に関係のないどうでもいいことはいちいち疑わないので、疑う人には、そもそもの前提として「神」「真理」「生の意味」への真剣な取り組みがある、と考えることができる。

したがって、真剣に真理を探求している限り、懐疑は信仰と矛盾しない。誠実な求道の精神による疑いのみならず、虚無感や絶望による疑い、さらには神に対する呪詛《じゅそ》のなかにさえ、「究極的な関心」（＝信仰）がありうる。神への「疑い」も、疑いや否定という形でその人の目は依然として神に向けられているからだとされる。宗教批判さえ、逆説的に宗教的でありうる。

つまり、疑う者も、救われるのだ。

神学や宗教哲学の議論をあまり安易に引用・要約することは誤解を招くかもしれないが、とりあえずここで述べておきたいのは、キリスト教はとにかく全てが「信じること」「信じ込むこと」だけを求めるわけではない、ということである。

†マザー・テレサは誰よりも強く「信じて」いたのか

もう一つの例として、知らない人はいないであろう有名なキリスト教徒、マザー・テレサについて見てみよう。

マザー・テレサという名で後に世界的有名人となる女の赤ん坊は、一九一〇年に現在の北マケドニアに生まれた。彼女は一八歳で修道会に入り、家族と今生の別れをし、やがてインドに派遣されて教師として働くようになった。

日頃から地元の貧しい人たちを目にしていた彼女は、三六歳のある日、貧しい中でも最も貧しい人々の中に入って彼らのために働くように、という神からの声を聞いた。

実際にその仕事を始めるまでの道のりは容易ではなく、紆余曲折があったのだが、三八歳になった時、ようやく教皇庁から修道院外居住の特別な許可が出された。その時から、テレサはそれまでの黒と白の修道服を脱ぎ、青のストライプで縁取られた白いサリーを身につけるようになった。

そんなマザー・テレサだが、きっと多くの人は、彼女には篤い「信仰」があり、誰よりも強く神を「信じて」いたからこそ、あのような生き方ができたのだと思うだろう。確かに彼女は、宗教家として、ただひたすら神の御旨のために生きたと言っていい。

だが、彼女の「信仰」は、ただ神を「信じる」という一言で済むほど単純なものでもない。実は、彼女は「神の不在」を口にしていたこともあったのである。

†「神の不在」をつぶやいたマザー・テレサ

テレサの死後に刊行された、彼女の私的書簡とその解説の書『マザーテレサ――来て、わたしの光になりなさい！』（里見貞代訳）によると、テレサはある神父に宛てた手紙で次のように書いている。

> わたくしの魂の中で神の場は白紙です。わたくしの内に神は存在されません。神を欲する痛みが非常に強いので、わたくしはただただ神を求めるのですが、わたくしが感じるのは、神がわたくしを望まれないことです。神は不在です。（三四四頁）

あのマザー・テレサが「神は不在です」なんて言うのか、と驚く人もいるかもしれないが、そうなのである。日本語訳で約六〇〇頁のこの本を厳密に紹介するには多くの紙面が必要だが、さしあたり注目したいのは、マザー・テレサといえども単純にただひたすら神の存在を「信じ込んでいた」わけではないということである。

彼女もまた、神についてのさまざまな葛藤や、不安や、迷いを抱えながら信仰していたのだ。テレサの書いた手紙には、次のような文章もある。

わたくしがイエスを望めば望むほど、イエスはわたくしを望まれないのです。イエスが今までに愛されたことがないほど、わたしくは彼を愛したいのです。それなのにこの別離、恐ろしい空虚、神不在の感覚があるのです。(二六七頁)

これは大司教に宛てた手紙の一部だが、彼女はこれを「大司教様に対してこれを書いているのではなく、わたくしの魂の父に対してこれを書いているのです」とも付け加えている。そのうえで、「大司教様、わたくしが神にもっと近づくことができるよう、どうぞわたくしのためにお祈りください」と結んでいる。

つまり、これは不信仰を意味するのではなく、むしろ逆説的に彼女の「信仰」の深さを物語っているともいえる。本当に不信仰であれば、そもそも「神不在の感覚」に悩むことなどありえないからである。

わたくしの心の中には多くの矛盾があります。痛みを感じるほど深い神への思い、絶え間ない苦しみがありながら、神に望まれない、拒絶されて空虚であり、信仰も愛も熱意もないのです。人びとの魂にも魅力がなく、天国の意味も皆無で何もない空間のように思えます。

（二七七頁）

テレサはこう書いているが、続けて「この苦しみは神に対する切望でもあるのです」「わたくしは神にとってさえ無名の者になっても、全く幸せですから」と述べている。一見したところ信仰を失ったようでありながらも、そうした心の闇をも神に委ねようとしている姿勢こそ、究極の信仰といえるのかもしれない。

†「わたくしの信仰は無くなりました」

一九五九年、テレサが四九歳の時にある神父に宛てて書いた手紙には、神に直接語りかける文章を書いた紙が同封されていた。そこからは、かなり切迫した様子が感じられる。

彼女は、「主よ、わたくしの神よ、あなたが見捨てられるわたくしとは、何者なのでしょう？　あなたの愛の子であったのに、今は最も憎まれた者となりました」と書き、彼女は次のように述べている。

わたくしはたった一人です。闇はそれほど暗く、わたくしは孤独です。望まれず、放棄された者。愛を求める心の孤独感は耐えられません。わたくしの信仰はどこへいったのか。心の奥底にも、空虚と暗闇以外には何もありません。神よ、この未知の痛みは何とつらいのでしょう。その痛みは絶え間なく続きます。わたくしの信仰は無くなりました。(三〇五頁)

あのマザー・テレサの口から「わたくしの信仰は無くなりました」という言葉が出てくることに、非キリスト教徒の方々は驚かれるだろうか。さらに、彼女は続けてこう書いている。

愛という言葉は、何ももたらしません。神はわたくしを愛すると言われましたが、闇と冷たさと空虚の現実があまりにも大きく、わたくしの魂を動かすものは何もありません。(三〇五頁)

書店のキリスト教関連書籍コーナーに並べられている「マザー・テレサの言葉」を集めた類

の本では、彼女のこのような一面は見られない。それらの本には、もっと前向きで、温かな、わかりやすい言葉ばかりが選ばれて載せられている。

それらも真実の一面ではあるが、しかし彼女は、もっとなまなましい葛藤のなかで神を見つめていたというのも事実なのである。

こうした彼女のつぶやきは、多くの日本人がイメージしている「信仰」とは少し違うかもしれないが、これもまた、信仰的佇まいの一部なのだ。

テレサはこの文章の最後を、次のように結んでいる。

もしこれ〔暗闇と空虚の感覚〕があなた〔神〕に栄光をもたらし、あなたが一滴の喜びを得られるのなら、もし人びとの魂があなたのもとに導かれるのなら、もしわたくしの苦しみがあなたの渇きを癒やすのなら、主よ、わたくしはここにおります。生涯の最後まで喜んですべてを受け入れます。そして、わたくしはつねにあなたの隠れたみ顔にほほ笑み続けます。

（二〇六頁）

†「信じる」ことにこだわらない

マザー・テレサのこうした言葉を紹介したからといって、真のキリスト教信仰とはこういうものなのだ、と言いたいわけではない。信仰の形は多様であり、正解などない。

だが、こうした例は、「信仰」とは必ずしも単純に何か目に見えない存在を「信じ込む」といった静的で受動的なものではなく、時には「信じる」とは正反対のような態度をとったり口にしたりすることをも含む、かなりの振幅をもった能動的なものとしても捉えうることを示唆するのではないだろうか。

もし、「暗闇」や「空虚」に関するマザー・テレサのつぶやきを意外だと感じたり、あるいは違和感を覚えたりするとしたら、それは「信仰」というものに対するそもそもの思い込みがあるからかもしれない。

宗教や信仰をもっぱら「信じる・信じない」という枠組みで考えようとすると、彼女の言う「神の不在」の感覚が理解しがたいものになってしまうが、例えば彼女の姿勢を「キリスト教を信じた」ではなく、「キリスト道を生きた」と表現するならば、違和感は軽減されるかもしれない。

もちろん、彼女自身は「道」なんていう概念は知らなかっただろうし、日本語の「道」の概念は厳密にはさまざまな意味が含まれているので、注意は必要だ。決してこのような表現や解釈こそが正しいのだと主張するつもりはない。

しかし、私たち日本人が、今あらためて自分の頭でキリスト教信仰について考え、それを日本語で説明しようとするうえでは、そのくらい柔軟に「信仰」について考え直してもいいのではないかということである。

多くの日本人は、いやキリスト教徒自身も、「宗教」や「信仰」というと、とにかく何かを「信じ込むこと」だと信じ込んでしまっている。だが、宗教だからといって、必ずしも「教え」とか「信じる」といった言葉に縛られなくてもいい。「宗教」を批判することも宗教の一部でありうるし、神を疑い、「神の不在」をつぶやくことも、信仰生活の一部でありうるのだ。

†意外と現実的な「肝っ玉おっ母ぁ」

日本人でもマザー・テレサとじかに接したことのある人は何人もいるが、そのなかの一人に、写真家の沖守弘《おきもりひろ》がいる。

沖は、テレサに信頼されて、彼女が日本で有名になる以前から長年にわたって彼女に密着して写真を撮り続けた人物である。彼は車も家も売ってインドでの取材費を工面し、世の中にはこのような人物がいるということを日本に紹介したのである。

そんな沖は『マザー・テレサ——あふれる愛』のなかで、彼女のことを「生きている聖女」というよりは、「肝っ玉おっ母ぁ」といった方がしっくりくる人だったとも述べている（四九頁)。

本人の近くにいた人ならではの見方であろうが、確かに、良い意味での図太さもあわせ持った「肝っ玉おっ母ぁ」でなければ、たった一人でスラムに入り、病人や行き倒れの人を看病するといった過酷な活動をゼロから始めることなどできなかったであろう。

沖によるテレサについてのこの表現は、日本語でこの一人の宗教家を理解し説明しようとするうえでは、なかなか秀逸なのではないかと思われる。

実際にテレサは、信仰者であるからといって、単なる世間離れした理想主義者ではなかった。ただ優しいだけのおとなしい女性でもなく、むしろしたたかなまでに現実と向きあうことのできる人物でもあった。

次のような有名なエピソードがある。

テレサが独自の活動を始めてしばらくしてからのことである。教皇パウロ六世がインドを訪問した際に、ある金持ちがインドでの移動のためにと教皇に高級車を献上した。白いリンカーン・コンチネンタルだったと言われている。

やがて教皇は帰国するのだが、その時にその車をどうにかせねばならなかった。そこで彼は、この土地で優れた活動をしていると評判のマザー・テレサに、その車をプレゼントした。

マザー・テレサはカトリックの修道女として、教皇からいただいたものをきちんと扱わねばならない。だが、彼女自身にドライブの趣味はない。彼女はいったいこの高級車をどうしたらいいかと考えた。多くの人は、テレサはこの車を売って、そのお金を貧しい人々のために使うのだろう、と予想した。

しかし、テレサはそうはしなかった。ではどうしたのかというと、彼女はなんと、その車を一等賞の賞品にした宝くじを企画したのである。

宝くじの販売には州知事の認可がいるが、彼女はうまく交渉して認可をとりつけた。そして、その宝くじを全国の人々に売ることによって、単に車を売却した際に得られる金額よりもはるかに大きな額のお金を集めることに成功した。それによってテレサは、ハンセン病患者が共に働いて暮らす大きな施設をつくったのである。

また彼女は、航空会社に行って、機内でスチュワーデスの仕事を手伝うから航空運賃をタダにしてくれと言い出したので、担当者は開いた口がふさがらなかったという話もある。確かに「肝っ玉おっ母ぁ」なのだ。

日本では、しばしば「宗教を信じる」というと、現実から逃避して何かに「すがる」こと、何かに「たよる」こと、といった自律性に欠ける依存的な態度のようなイメージで捉えられることが多い。だが、彼女にそのような傾向はほとんど見られない。

何かを選び、どれか一つのものを肯定するならば、それ以外のものは否定せねばならないものだろうか。

†キリスト教を信じなくてもいい

信仰をもつということは、必ずしも、それ以外の宗教を認めないということを意味しない。

マザー・テレサが行き倒れの人を看取るなどの活動を始めた時のことである。ヒンズー教徒の多い現地では、外国人である彼女が死んでいく人をキリスト教徒に改宗させて、キリスト教徒として埋葬している、という噂が広まった。

ところが、実際は、ヒンズー教徒はヒンズー教徒として、その他の宗教の信徒もその信徒として葬られていた。死者は自分の信仰で葬られる、というのは今でもテレサが作った組織の大原則となっている。

キリスト教を、信じなくてもいいのだ。

彼女の評伝『マザー・テレサ――愛の軌跡（増補改訂版）』（三代川律子訳）を書いたナヴィン・チャウラは、テレサ本人への取材の過程でそのことが話題になったときに、彼女から次のように言われたという。

わたしは、あなたをヒンズー教徒にもカトリック教徒にも、イスラム教徒にもジャイナ教徒にも仏教徒にも改宗させてあげますよ。もしそれで、あなたが神を見つけることのお役に立つのなら。もし神と出会えたら、あなたが何をするか、それはあなた次第です。（一二一頁）

評伝を書くために五年にわたって取材をしたチャウラ自身は、ヒンズー教徒である。しかし、彼はただの一度もテレサから改宗を勧められたことはないという。彼によれば、改宗は神のなさることであって自分の仕事ではない、というのがテレサの考えなのである（二九七頁）。

これまで日本に来た宣教師たちのなかには、日本の既存の宗教を攻撃し、寺や仏像の破壊をそそのかした者もいたことはすでに見てきた。彼らが信仰していたものと、マザー・テレサが信仰していたものは、同じ「キリスト教」である。

結局、信仰とは何なのか。

宗教は、人間による人間ならではの営みである。宗教の謎はつまり人間の謎であるが、その人間というものが、私たち人間には理解し尽くせない。

信仰があろうがなかろうが、人は過ちを犯しながら正しさを求め、卑怯でありながら優しくて、自分勝手でありながら献身的で、誰かを嫌う一方で、別の誰かを愛する。

この、いかんともしがたい矛盾と限界を見つめ続ければ、いつか、何かに気付くことができるだろうか。

あとがき

本書の目的は、「はじめに」で述べたとおりである。これはキリスト教の入門書ではなく、日本キリスト教史の解説書でもない。本書は、宗教とは何か、信仰とは何か、ということについての、長々とした「問い」そのものだと言ってもいい。

「キリスト教とはこういう宗教ですよ」と解説した本は多いが、宗教について考えるうえで重要なのは、「答え」を掻き集めてその量と正確さにこだわることだけではない。それも必要なことではあるけれども、まずは、正直に思う存分「問う」ことが大事なのではないだろうか。そんなふうに考えながら、書かせていただいた。

読者の皆様からは、ここをもっと掘り下げて欲しかったとか、何々についても触れるべきだったのではないかとか、さまざまなご意見があることと思う。至らない部分については、私の能力の限界だとしてご容赦いただきたい。各章で取り上げた話題については、それぞれに専門家がいらっしゃることも承知している。何かお気付きの点があったら、ご教示いただければ幸いである。

執筆中は、膨大な先行研究から多くを学ばせていただいたのはもちろんだが、これだけのことを調べ上げた人がいる、これだけのものを翻訳した人がいる、ということそれ自体に驚愕し、感動することも多かった。私も先輩方を見習い、しっかり腰を据えた研究を積み重ねていかねばならないと改めて思った次第である。

最後に、刊行にあたりお世話になった、ちくま新書編集部の山本拓さん、そして、これまで支えて下さった多くの方々に、心から、感謝と御礼を申し上げたい。

二〇一九年 初夏　大阪にて

石川明人

参考図書案内

以下では、本書で参照・引用した邦語文献のうち主なものを、その著者名もしくは編者名の五十音順で挙げる（共著の場合は筆頭者名）。本文中の引用における翻訳は、下記のものによっている。なお、『聖書』からの引用は、日本聖書協会『聖書　新共同訳』（一九八七年）を用いた。

浅見雅一『概説キリシタン史』慶應義塾大学出版会、二〇一六年
浅見雅一、野々瀬浩司編『キリスト教と寛容――中近世の日本とヨーロッパ』慶應義塾大学出版会、二〇一九年
芦名定道『ティリッヒと現代宗教論』北樹出版、一九九四年
芦名定道『比較宗教学への招待――東アジアの視点から』晃洋書房、二〇〇六年
阿満利麿『日本人はなぜ無宗教なのか』ちくま新書、一九九六年
池田晶子『人生のほんとう』トランスビュー、二〇〇六年
池田晶子『考える日々　全編』毎日新聞社、二〇一四年
石川明人『ティリッヒの宗教芸術論』北海道大学出版会、二〇〇七年

石川明人『キリスト教と戦争――「愛と平和」を説きつつ戦う論理』中公新書、二〇一六年
石原謙『日本キリスト教史論』新教出版社、一九六七年
磯前順一『近代日本の宗教言説とその系譜――宗教・国家・神道』岩波書店、二〇〇三年
磯前順一『宗教概念あるいは宗教学の死』東京大学出版会、二〇一二年
磯前順一、タラル・アサド編著『宗教を語りなおす――近代的カテゴリーの再考』みすず書房、二〇〇六年
市川裕、松村一男、渡辺和子編『宗教史とは何か（下巻）』リトン、二〇〇九年
稲垣良典『天使論序説』講談社学術文庫、一九九六年
稲垣良典『カトリック入門――日本文化からのアプローチ』ちくま新書、二〇一六年
井上章一『日本人とキリスト教』角川ソフィア文庫、二〇一三年
井上章一、郭南燕、川村信三『ミッションスクールになぜ美人が多いのか――日本女子とキリスト教』朝日新書、二〇一八年
岩下壮一『カトリックの信仰』講談社学術文庫、一九九四年
岩田真美、桐原健真編『カミとホトケの幕末維新――交錯する宗教世界』法藏館、二〇一八年
ヴァリニャーノ（松田毅一、佐久間正、近松洋男訳）『日本巡察記』東洋文庫、一九七三年
ティモシー・ウェア（松島雄一監訳）『正教会入門――東方キリスト教の歴史・信仰・礼拝』新教出版社、二〇一七年
牛丸康夫『日本正教史』日本ハリストス正教会教団府主教庁、一九七八年

内村鑑三（鈴木範久訳）『余はいかにしてキリスト信徒となりしか』岩波文庫、二〇一七年
鵜沼裕子『近代日本キリスト者との対話――その信の世界を探る』聖学院大学出版会、二〇一七年
梅渓昇『お雇い外国人――明治日本の脇役たち』講談社学術文庫、二〇〇七年
海老沢有道、大内三郎『日本キリスト教史』日本基督教団出版局、一九七〇年
江利川春雄『英語と日本軍――知られざる外国語教育史』NHK出版、二〇一六年
大隈重信『大隈伯昔日譚』東京大学出版会、一九八〇年
太田淑子編『日本、キリスト教との邂逅――二つの時代に見る受容と葛藤』オリエンス宗教研究所、二〇〇四年
大橋幸泰『潜伏キリシタン――江戸時代の禁教政策と民衆』講談社選書メチエ、二〇一四年
岡本良知『十六世紀日欧交通史の研究 改訂増補』六甲書房、一九四二年
小川原正道『近代日本の戦争と宗教』講談社選書メチエ、二〇一〇年
小川原正道『日本の戦争と宗教1899―1945』講談社選書メチエ、二〇一四年
沖守弘『マザー・テレサ――あふれる愛』講談社文庫、一九八四年
奥山倫明『制度としての宗教――近代日本の模索』晃洋書房、二〇一八年
小田垣雅也『キリスト教の歴史』講談社学術文庫、一九九五年
ラス・カサス（染田秀藤訳）『インディアスの破壊についての簡潔な報告』岩波文庫、一九七六年

片岡弥吉『ある明治の福祉像――ド・ロ神父の生涯』日本放送出版協会、一九七七年
片岡弥吉『日本キリシタン殉教史』時事通信社、一九七九年
加藤隆『一神教の誕生――ユダヤ教からキリスト教へ』講談社現代新書、二〇〇二年
門脇佳吉『道の形而上学――芭蕉・道元・イエス』岩波書店、一九九〇年
川崎桃太『フロイスの見た戦国日本』中公文庫、二〇〇六年
神田千里『島原の乱――キリシタン信仰と武装蜂起』中公新書、二〇〇五年
神田千里『宗教で読む戦国時代』講談社選書メチエ、二〇一〇年
神田千里『戦国と宗教』岩波新書、二〇一六年
ジョン・キーガン（遠藤利国訳）『戦略の歴史――抹殺・征服技術の変遷　石器時代からサダム・フセインまで』心交社、一九九七年
菊地章太『日本人とキリスト教の奇妙な関係』角川新書、二〇一五年
岸野久訳・高瀬弘一郎訳注『大航海時代叢書（第Ⅱ期）七　イエズス会と日本　二』岩波書店、一九八八年
岸野久『ザビエルと日本――キリシタン開教期の研究』吉川弘文館、一九九八年
岸野久『ザビエルの同伴者アンジロー――戦国時代の国際人』吉川弘文館、二〇〇一年
キリスト教史学会編『宣教師と日本人――明治キリスト教史における受容と変容』教文館、二〇一二年
W・E・グリフィス（亀井俊介訳）『ミカド――日本の内なる力』研究社出版、一九七二年

W・E・グリフィス（松浦玲監修、村瀬寿代訳編）『新訳考証 日本のフルベッキ――無国籍の宣教師フルベッキの生涯』洋学堂書店、二〇〇三年
黒川知文『日本史におけるキリスト教宣教――宣教活動と人物を中心に』教文館、二〇一四年
五野井隆史『日本キリスト教史』吉川弘文館、一九九〇年
五野井隆史監修『キリシタン大名――布教・政策・信仰の実相』宮帯出版社、二〇一七年
小原克博『一神教とは何か――キリスト教、ユダヤ教、イスラームを知るために』平凡社新書、二〇一八年
小林和幸編『明治史講義 テーマ篇』ちくま新書、二〇一八年
ブライアン・コロディエチュック（里見貞代訳）『マザーテレサ――来て、わたしの光になりなさい！』女子パウロ会、二〇一四年
近藤剛『哲学と神学の境界――初期ティリッヒ研究』ナカニシヤ出版、二〇一一年
斎藤兆史『日本人と英語――もうひとつの英語百年史』研究社、二〇〇七年
坂田吉雄、吉田光邦編『世界史のなかの明治維新――外国人の視角から』京都大学人文科学研究所、一九七三年
佐藤彰一『宣教のヨーロッパ――大航海時代のイエズス会と托鉢修道会』中公新書、二〇一八年
佐藤吉昭『キリスト教における殉教研究』創文社、二〇〇四年
フランシスコ・ザビエル（河野純徳訳）『聖フランシスコ・ザビエル全書簡』平凡社、一九八五年

島薗進、鶴岡賀雄『〈宗教〉再考』ぺりかん社、二〇〇四年
清水紘一『織豊政権とキリシタン――日欧交渉の起源と展開』岩田書院、二〇〇一年
釈徹宗『不干斎ハビアン――神も仏も棄てた宗教者』新潮選書、二〇〇九年
末木文美士『日本宗教史』岩波新書、二〇〇六年
鈴木範久『明治宗教思想の研究――宗教学事始』東京大学出版会、一九七九年
鈴木範久『内村鑑三日録 一 1861―1888 青年の旅』教文館、一九九八年
鈴木範久『日本キリスト教史物語』教文館、二〇〇一年
鈴木範久『日本キリスト教史――年表で読む』教文館、二〇一七年
ルシオ・デ・ソウザ、岡美穂子『大航海時代の日本人奴隷――アジア・新大陸・ヨーロッパ』中公叢書、二〇一七年
高瀬弘一郎『キリシタン時代の研究』岩波書店、一九七七年
高瀬弘一郎『キリシタンの世紀――ザビエル渡日から「鎖国」まで』岩波書店、一九九三年
高橋裕史『イエズス会の世界戦略』講談社選書メチエ、二〇〇六年
高橋裕史『武器・十字架と戦国日本―イエズス会宣教師と「対日武力征服計画」の真相』洋泉社、二〇一二年
田川建三『批判的主体の形成――キリスト教批判の現代的課題』三一書房、一九七一年
田川建三『キリスト教思想への招待』勁草書房、二〇〇四年
竹下節子『キリスト教の真実――西洋近代をもたらした宗教思想』ちくま新書、二〇一二年

武田清子『人間観の相克――近代日本の思想とキリスト教』弘文堂、一九五九年
武田清子『土着と背教――伝統的エトスとプロテスタント』新教出版社、一九六七年
武田清子『背教者の系譜――日本人とキリスト教』岩波新書、一九七三年
武田清子『正統と異端の〝あいだ〟――日本思想史研究試論』東京大学出版会、一九七六年
フーベルト・チースリク監修、太田淑子編『日本史小百科　キリシタン』東京堂出版、一九九九年
ナヴィン・チャウラ（三代川律子訳）『マザー・テレサ――愛の軌跡（増補改訂版）』日本教文社、二〇〇一年
土屋博『教典になった宗教』北海道大学図書刊行会、二〇〇二年
土屋博『宗教文化論の地平――日本社会におけるキリスト教の可能性』北海道大学出版会、二〇一三年
パウル・ティリッヒ（前川道郎訳）『芸術と建築について』教文館、一九九七年
パウル・ティリッヒ（古屋安雄訳）『ティリッヒ著作集』第五巻、白水社、一九九九年
パウル・ティリッヒ（大宮溥訳）『ティリッヒ著作集』第六巻、白水社、一九九九年
東野利夫『南蛮医アルメイダ――戦国日本を生きぬいたポルトガル人』柏書房、一九九三年
土肥昭夫『日本プロテスタント・キリスト教史』新教出版社、一九八〇年
中園成生『かくれキリシタンの起源――信仰と信者の実相』弦書房、二〇一八年
長沼美香子『訳された近代――文部省「百科全書」の翻訳学』法政大学出版局、二〇一七年

中村圭志『教養としての宗教入門――基礎から学べる信仰と文化』中公新書、二〇一四年
中村健之介『宣教師ニコライと明治日本』岩波新書、一九九六年
中村健之介『宣教師ニコライとその時代』講談社現代新書、二〇一一年
新島襄著、鑓田研一編『新島襄――わが人生』日本図書センター、二〇〇四年
ニコライ（中村健之介訳）『ニコライの見た幕末日本』講談社学術文庫、一九七九年
ニコライ（中村健之介監修）『宣教師ニコライの全日記』全九巻、教文館、二〇〇七年
西山俊彦『カトリック教会と奴隷貿易――現代資本主義の興隆に関連して』サンパウロ、二〇〇五年
平川新『戦国日本と大航海時代――秀吉・家康・政宗の外交戦略』中公新書、二〇一八年
広野真嗣『消された信仰「最後のかくれキリシタン」――長崎・生月島の人々』小学館、二〇一八年
スティーブン・ピンカー（幾島幸子、塩原通緒訳）『暴力の人類史』上下巻、青土社、二〇一五年
アドルフ・フィッシャー（金森誠也、安藤勉訳）『明治日本印象記――オーストリア人の見た百年前の日本』講談社学術文庫、二〇〇一年
深澤英隆『啓蒙と霊性――近代宗教言説の生成と変容』岩波書店、二〇〇六年
藤木久志『刀狩り――武器を封印した民衆』岩波新書、二〇〇五年
藤木久志『新版 雑兵たちの戦場――中世の傭兵と奴隷狩り』朝日新聞出版、二〇〇五年

藤代泰三『キリスト教史』講談社学術文庫、二〇一七年
G・H・F・フルベッキ（高谷道男編訳）『フルベッキ書簡集』新教出版社、一九七八年
古屋安雄『なぜ日本にキリスト教は広まらないのか――近代日本とキリスト教』教文館、二〇〇九年
古屋安雄『日本のキリスト教は本物か？――日本キリスト教史の諸問題』教文館、二〇一一年
ルイス・フロイス（松田毅一、川崎桃太訳）『完訳 フロイス 日本史』全一二巻、中公文庫、二〇〇〇年
M・C・ペリー（宮崎壽子訳）『ペリー提督日本遠征記』角川ソフィア文庫、二〇一四年
星野博美『みんな彗星を見ていた――私的キリシタン探訪記』文藝春秋、二〇一五年
星野靖二『近代日本の宗教概念――宗教者の言葉と近代』有志舎、二〇一二年
松田毅一『天正遣欧使節』講談社学術文庫、一九九九年
松原秀一『異教としてのキリスト教』平凡社ライブラリー、二〇〇一年
マーク・R・マリンズ（高崎恵訳）『メイド・イン・ジャパンのキリスト教』トランスビュー、二〇〇五年
宮崎賢太郎『カクレキリシタンの実像――日本人のキリスト教理解と受容』吉川弘文館、二〇一四年
宮崎賢太郎『潜伏キリシタンは何を信じていたのか』角川書店、二〇一八年
ピーター・ミルワード（松本たま訳）『ザビエルの見た日本』講談社学術文庫、一九九八年

森禮子『神父ド・ロの冒険』教文館、二〇〇〇年
森岡清美『日本の近代社会とキリスト教』評論社、一九七〇年
森安達也『東方キリスト教の世界』山川出版社、一九九一年
矢野道子『ド・ロ神父 黒革の日日録』長崎文献社、二〇〇六年
山折哲雄、長田俊樹編『日本人はキリスト教をどのように受容したか』国際日本文化研究センター、一九九八年
山我哲雄『一神教の起源――旧約聖書の「神」はどこから来たのか』筑摩選書、二〇一三年
山本博文『殉教――日本人は何を信仰したか』光文社新書、二〇〇九年
結城了悟『長崎を開いた人――コスメ・デ・トーレスの生涯（改訂版）』サンパウロ、二〇〇七年
吉田久一『近現代仏教の歴史』ちくま学芸文庫、二〇一七年
若桑みどり『クアトロ・ラガッツィ――天正少年使節と世界帝国』集英社、二〇〇三年
若松英輔『内村鑑三――悲しみの使徒』岩波新書、二〇一八年
脇田安大著、カトリック長崎大司教区監修『パリ外国宣教会 宣教師たちの軌跡――幕末から昭和初期の長崎を中心に』長崎の教会群情報センター、二〇一八年
渡邊大門『人身売買・奴隷・拉致の日本史』柏書房、二〇一四年
渡邊直樹編『私と宗教』平凡社新書、二〇一一年
渡辺浩『東アジアの王権と思想（増補新装版）』東京大学出版会、二〇一六年

ちくま新書
1424

キリスト教《きょう》と日《に》本人《ほんじん》
——宣教史《せんきょうし》から信仰《しんこう》の本質《ほんしつ》を問《と》う

二〇一九年七月一〇日　第一刷発行

著　者　石川明人（いしかわ・あきと）
発行者　喜入冬子
発行所　株式会社 筑摩書房
東京都台東区蔵前二-五-三　郵便番号一一一-八七五五
電話番号〇三-五六八七-二六〇一（代表）
装幀者　間村俊一
印刷・製本　株式会社 精興社

ISBN978-4-480-07234-4 C0216

ちくま新書

956
キリスト教の真実
――西洋近代をもたらした宗教思想
竹下節子
ギリシャ思想とキリスト教の関係を検討し、近代ヨーロッパが覚醒する歴史を辿る。キリスト教という合せ鏡をとおして、現代世界の設計思想を読み解く探究の書。

1215
カトリック入門
――日本文化からのアプローチ
稲垣良典
日本文化はカトリックを受け入れられるか。日本的霊性と超越的存在の問題から、カトリシズムの本質に迫る。中世哲学の第一人者による待望のキリスト教思想入門。

1048
ユダヤ教　キリスト教　イスラーム
――一神教の連環を解く
菊地章太
一神教が生まれた時、世界は激変した！「平等」「福祉」「不寛容」などを題材に三宗教のつながりを分析し、現代の底流にある一神教を読み解く宗教学の入門書。

1102
エクスタシーの神学
――キリスト教神秘主義の扉をひらく
菊地章太
ギリシア時代に水源をもち、ヨーロッパ思想の伏流水であるキリスト教神秘主義。その歴史を「エクスタシー」の観点から俯瞰し、宗教の本質に肉薄する危険な書。

085
日本人はなぜ無宗教なのか
阿満利麿
日本人には神仏とともに生きた長い伝統がある。それなのになぜ現代人は無宗教を標榜し、特定宗派を怖れるのだろうか？　あらためて宗教の意味を問いなおす。

744
宗教学の名著30
島薗進
哲学、歴史学、文学、社会学、心理学など多領域から宗教理解、理論の諸成果を取り上げ、現代における宗教的なものの意味を問う。深い人間理解へ誘うブックガイド。

936
神も仏も大好きな日本人
島田裕巳
日本人はなぜ、無宗教と思いこんでいるのか？　神道と仏教がどのように融合し、分離されたか、その歴史をたどることで、日本人の隠された宗教観をあぶり出す。